David A. Steen ist Wissenschaftler und Naturschutz-Biologe. Er erforscht, wie man die Tierwelt auf der ganzen Erde schützen kann. Auf seinem Twitter-Account hilft er, Reptilien und Amphibien zu identifizieren. Er gründete eine Stiftung, die Projekte von Menschen unterstützt, die ihr Land mit wilden Tieren teilen. Wenn du ihn suchst, findest du ihn wahrscheinlich auf seiner Terrasse mit einer Tasse Kaffee.

Chiara Fedele wurde 1972 in Mailand geboren. Sie besuchte die Kunsthochschule in Mailand, wo sie Illustration studierte. Ihre Projekte, die mehrfach ausgezeichnet wurden, umfassen Kinderbücher, Filme und Werbung. Mit ihrer Familie und ihren Haustieren lebt die Illustratorin in der Nähe von Mailand.

Aus Verantwortung für die Umwelt hat sich der Fischer Kinder- und Jugendbuch Verlag zu einer nachhaltigen Buchproduktion verpflichtet. Der bewusste Umgang mit unseren Ressourcen, der Schutz unseres Klimas und der Natur gehören zu unseren obersten Unternehmenszielen.

Gemeinsam mit unseren Partnern und Lieferanten setzen wir uns für eine klimaneutrale Buchproduktion ein, die den Erwerb von Klimazertifikaten zur Kompensation des CO_2-Ausstoßes einschließt.

Weitere Informationen finden Sie unter www.klimaneutralerverlag.de

Weitere Informationen zum Kinder- und Jugendbuchprogramm der S. Fischer Verlage finden Sie unter www.fischerverlage.de

Erschienen bei FISCHER Sauerländer

Die englische Originalausgabe erschien unter dem Titel ‚Rewilding' 2022 bei Neon Squid, einem Imprint von Macmillan Publisher International Limited.

Für die deutschsprachige Ausgabe:

Fachberatung: Julia Mata
Umschlaggestaltung: Dahlhaus & Blommel Media Design GmbH, Vreden
Satz: Tanja Haaf
Druck und Bindung: Grafisches Centrum Cuno GmbH & Co. KG, Calbe
Printed in Germany

ISBN 978-3-7373-6192-7

DAVID A. STEEN • CHIARA FEDELE

ZURÜCK IN DIE WILDNIS

WIE WIR TIEREN HELFEN, IN IHREN LEBENSRAUM ZURÜCKZUKEHREN

Aus dem Englischen von
Cornelia Panzacchi

SAUERLÄNDER

INHALT

WAS BEDEUTET „AUSWILDERN"?

Was ist „auswildern" überhaupt? In den letzten Jahrhunderten haben die Menschen mit ihrem Verhalten der Natur sehr geschadet. Auswilderungs- oder Renaturierungsprojekte wollen dieser Entwicklung entgegenwirken: Tier- und Pflanzenarten werden in Lebensräume zurückgebracht, aus denen sie verschwunden waren. Gründe für dieses Verschwinden können Jagd, Umweltverschmutzung, Klimawandel oder andere Veränderungen des Lebensraums sein.

Diejenigen Tiere oder Pflanzen, die ausgewildert werden, wurden meist gezüchtet, also vorher in Gefangenschaft gehalten. Oder aber sie werden in freier Wildbahn gefangen und in einen anderen Lebensraum ihrer Art gebracht. Das bezeichnet man als Umsiedlung.

AUSWILDERN ODER NICHT?

Wissenschaftler und Wissenschaftlerinnen diskutieren immer lange, ob eine Auswilderung sinnvoll ist. Sie überlegen, warum die betreffende Art aus ihrem alten Lebensraum verschwunden ist und ob die Gründe dafür beseitigt werden konnten. Wurde eine Tierart zum Beispiel allzu stark gejagt, so muss vor der Auswilderung ein Jagdverbot erlassen werden.

Ein Mensch allein kann keine Auswilderung durchführen. An den meisten Projekten sind viele Leute, Agenturen, Organisationen und Forschungsinstitute beteiligt. Sie planen die Aktionen und führen sie gemeinsam durch.

EINE AUSSICHTSREICHE ZUKUNFT

Wenn uns die Umwelt am Herzen liegt, gibt es eine Menge zu tun. Im 20. Jahrhundert wurde die Natur stark geschädigt, so dass zahlreiche Arten aus den Meeren, den Feldern und Wäldern verschwanden. Mittlerweile arbeiten sehr viele Menschen daran, das rückgängig zu machen und dafür zu sorgen, dass es nicht noch einmal passiert.

Auf den folgenden Seiten entdeckst du spannende Auswilderungsprojekte aus aller Welt und hörst, was für unglaubliche Mühen Menschen auf sich genommen haben, um sie umzusetzen. Vielleicht bekommst du sogar Lust, dich ebenfalls zu engagieren und Tieren und Pflanzen in deiner Nähe zu helfen.

DIE REISE DER SCHREIKRANICHE

Ein Problem taucht bei Auswilderungsprojekten immer wieder auf: Wie bringt man den in Gefangenschaft aufgezogenen Tieren bei, sich wie wild lebende Tiere zu verhalten? Die Frage beschäftigte auch die Forschenden, die Schreikraniche auswildern wollten. 1950 gab es von diesen großen Bewohnern nordamerikanischer Feuchtgebiete nur noch 34 wild lebende Vögel. Diese Tiere verbrachten den Sommer in Kanada und den Winter in Texas. Nachdem sie jahrelang gejagt und die Präriegebiete in Felder umgewandelt worden waren, waren Schreikraniche fast ausgestorben.

In den späten 1960er Jahren beschlossen Biologen und Biologinnen, die Schreikraniche zu retten. Sie sammelten Eier, ließen sie ausbrüten und zogen die Küken auf. Ein in Kanada verletzt aufgefundener und gesund gepflegter Schreikranich vervollständigte den Schwarm. Als sie erwachsen waren, zogen die Vögel selbst wieder Junge auf, die ausgewildert werden konnten.

Ultraleichtflugzeuge sind klein und wesentlich leiser als größere Flugzeuge.

FOLGT DEM FLUGZEUG!

Manche Schreikraniche legen große Entfernungen zwischen ihren Winterquartieren in Florida und ihren Sommerrevieren in Wisconsin zurück. Aber woher sollten die in Gefangenschaft aufgezogenen jungen Vögel wissen, wohin sie fliegen mussten? Die Tierschützenden verbündeten sich mit Ultraleichtflugzeug-Piloten. Sie brachten den jungen Vögeln bei, den leisen Flugzeugen zunächst auf kurzen Strecken zu folgen. Sobald die Schreikraniche begriffen hatten, dass sie dem fliegenden Ding folgen sollten, konnte der lange Zug beginnen. Der einem Ultraleichtflugzeug in perfekter Formation folgende Schwarm muss ein unvergesslicher Anblick gewesen sein. Leider wurde das Projekt 2016 abgebrochen, weil nur wenige dieser Schreikraniche eigene Junge aufzogen. Offenbar hatten sie nicht alles gelernt, was für das Überleben ihrer Art notwendig gewesen wäre.

TROTZ ALLER BEMÜHUNGEN GIBT ES BISHER NUR KNAPP 1000 WILD LEBENDE SCHREIKRANICHE.

ADOPTIVELTERN

Die Forschenden dachten sich noch eine weitere Strategie aus, um diese Art zu retten. Kanadakraniche (eine eng verwandte und ziemlich verbreitete Art) sollten den jungen Schreikranichen beibringen, sich wie wild lebende Vögel zu verhalten. Im Laufe der 1970er und 1980er Jahre wurden deshalb Hunderte Schreikranich-Eier in die Nester von Kanadakranichen gelegt.
Doch als die Schreikraniche erwachsen wurden, verhielten sie sich eher so wie Kanadakraniche, anstatt sich anderen Schreikranichen anzuschließen. Manche von ihnen paarten sich sogar mit Kanadakranichen und zogen mit ihnen Junge auf, eine Kreuzung beider Kranicharten.

Trotz aller Tiefschläge geben die Freunde und Unterstützerinnen der Schreikraniche aber nicht auf, sondern arbeiten weiter daran, diese Vogelart zu erhalten.

Ein Schreikranichküken im Nest von Kanadakranichen.

DIE KRÖTEN, DIE EINE DUSCHE BRAUCHEN

Die gesamte Gruppe der Amphibien, der die Frösche, Kröten und Salamander angehören, ist gefährdet. Zum einen kann ihre Haut, die weder mit Schuppen noch mit Fell oder Federn besetzt ist, sie nicht sehr gut schützen. Zum anderen sind die meisten dieser Arten sehr genau an einen bestimmten Lebensraum angepasst. Das bedeutet auch, dass manche von ihnen nur in sehr kleinen Gebieten vorkommen.

Ein gutes Beispiel dafür ist die Kihansi-Gischtkröte. Diese kleine Amphibie lebt ausschließlich in Tansania in Ostafrika und dort auch nur inmitten der Felsen und Pflanzen, die von der Gischt des Kihansi-Wasserfalls feucht gehalten werden.

Im späten 20. Jahrhundert wurde ein Kraftwerk mit Staudamm gebaut, der zu Tansanias Stromversorgung beitragen sollte. Dieses für die Menschen sehr wichtige Projekt hatte für die Kihansi-Gischtkröten furchtbare Folgen. Als der Staudamm fertig war, war der Wasserfall wesentlich kleiner, so dass weniger Gischt entstand. Die Kröten lebten nicht mehr unter einer üppigen Dauerdusche!

Kaum war der Lebensraum weniger feucht, begannen die Gischtkröten zu verschwinden. Biologen und Biologinnen gehen davon aus, dass die wild lebenden Vertreter dieser Art innerhalb nur weniger Jahre nach Fertigstellung des Staudamms ausgestorben waren.

Kihansi-Gischtkröten vor Fertigstellung des Staudamms

KNIFFLIGE SITUATION

Zum Glück wurden ungefähr 500 dieser Kröten während der Bauarbeiten am Damm eingesammelt und im Bronx Zoo von New York untergebracht. Es war keine leichte Aufgabe, künstliche Lebensbedingungen zu schaffen, unter denen sie sich wohlfühlten. Die Forschenden konstruierten ein Wassersprühsystem, das die Kröten schön feucht hielt, und diese dankten es ihnen, indem sie sich üppig vermehrten.

Das Kihansi-Kraftwerk wurde im Jahr 2000 in Betrieb genommen.

RÜCKKEHR IN DIE SCHLUCHT

Bald waren im Zoo so viele Gischtkröten nachgezüchtet worden, dass man einen Teil davon hätte auswildern können. Doch solange es den Damm gab, würde ihr alter Lebensraum für sie nicht feucht genug sein.

Da hatten die Wissenschaftler und Wissenschaftlerinnen eine tolle Idee: Sie beauftragten Ingenieure, ein künstliches Sprühsystem zu entwickeln. Über Rohre und Düsen wurde der ausgetrocknete Lebensraum neu befeuchtet. 2012 wurden 2000 Kröten in die Schlucht gebracht, und es scheint ihnen dort gut zu gehen. Allerdings werden sie für immer auf die Hilfe der Technik angewiesen sein, um in der Schlucht überleben zu können.

DIE DAMMBAUER

Biber wurden in England bereits vor ungefähr 400 Jahren ausgerottet. Sie wurden gejagt, um aus ihrem Fell sehr begehrte Hüte herzustellen. Seither wurden in England keine Biber mehr gesichtet … Bis 2008 im Südwesten der Grafschaft Devon einige Exemplare auftauchten. Niemand weiß, woher sie kamen.

Während sich viele Menschen über die Rückkehr der Dammbauer freuten, wurden auch Stimmen von Bibergegnern und -gegnerinnen laut.

Denn die Biber taten auch in Devon das, was Biber überall tun: Sie bauten Dämme und Biberburgen und bekamen Junge. Viehzüchter befürchteten, die Biber könnten Krankheiten verbreiten. Die Regierung beschloss, ihren Umzug zu planen.

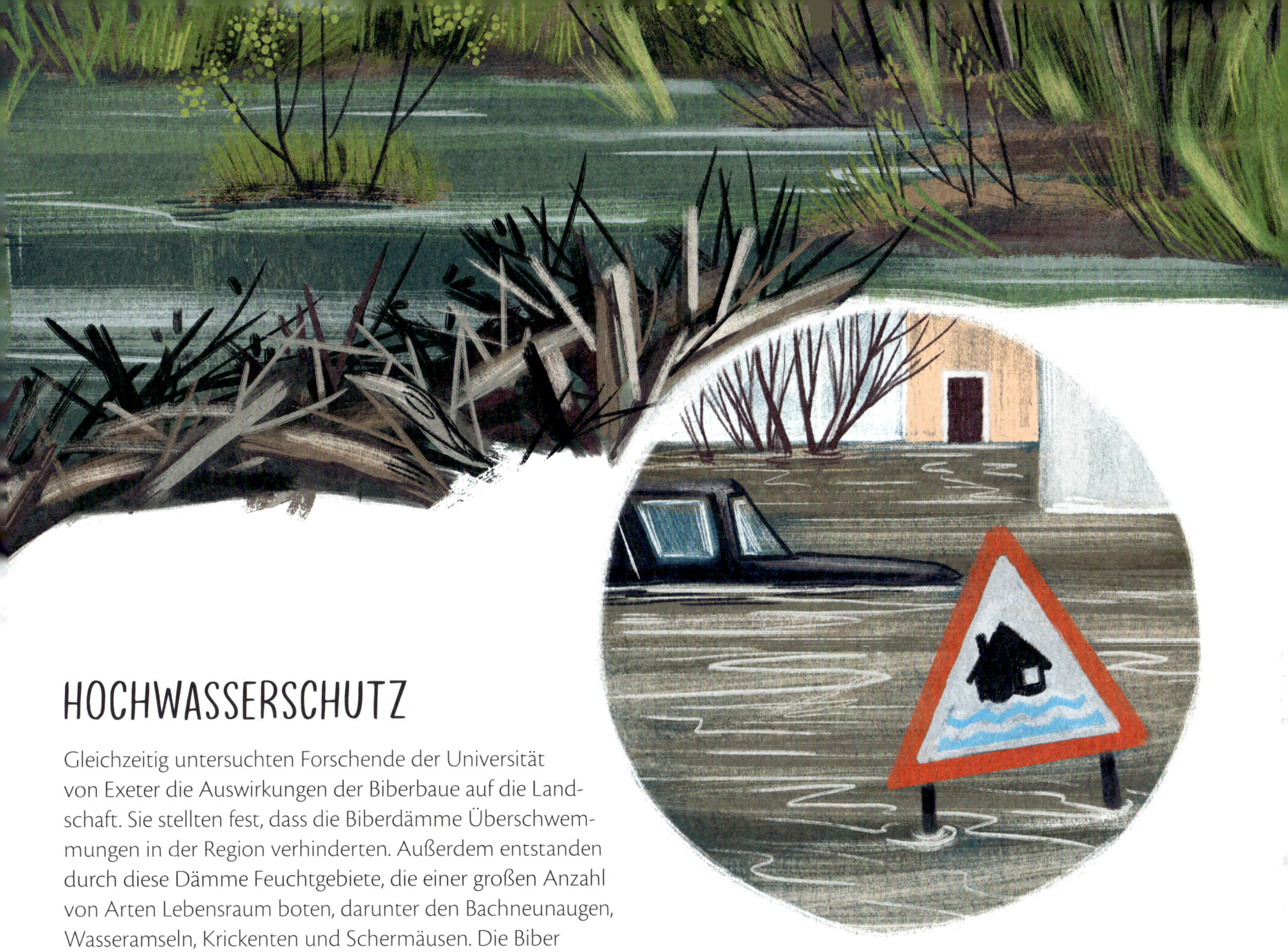

HOCHWASSERSCHUTZ

Gleichzeitig untersuchten Forschende der Universität von Exeter die Auswirkungen der Biberbaue auf die Landschaft. Sie stellten fest, dass die Biberdämme Überschwemmungen in der Region verhinderten. Außerdem entstanden durch diese Dämme Feuchtgebiete, die einer großen Anzahl von Arten Lebensraum boten, darunter den Bachneunaugen, Wasseramseln, Krickenten und Schermäusen. Die Biber hatten sich als nützliche Mitbürger erwiesen; und die Regierung beschloss, ihnen ein Bleiberecht zu gewähren.

Vor der Rückkehr der Biber kam es in Devon immer wieder zu Überschwemmungen.

SCHLÜSSELARTEN

Weil Biber auf ihre Umwelt einen wichtigen Einfluss haben, bezeichnet man sie auch als „Schlüsselart“. Das ist jedoch kein Trost für Landwirte, die befürchten, dass sich die Anwesenheit der Biber negativ auf ihr Land auswirken könnte. Doch die Regierung arbeitet mit Landwirtinnen und Landwirten daran, das Zusammenleben von Menschen und Bibern zu erleichtern. Mittlerweile breiten sich die Biber wieder in ganz Europa aus, obwohl sie praktisch überall stark bedroht oder ausgerottet waren. Dank Naturschutzmaßnahmen konnten die Biber sich so vermehren, dass mittlerweile in Europa über eine Million von ihnen leben.

Bachneunauge

Wasseramsel

Krickente

Schermaus

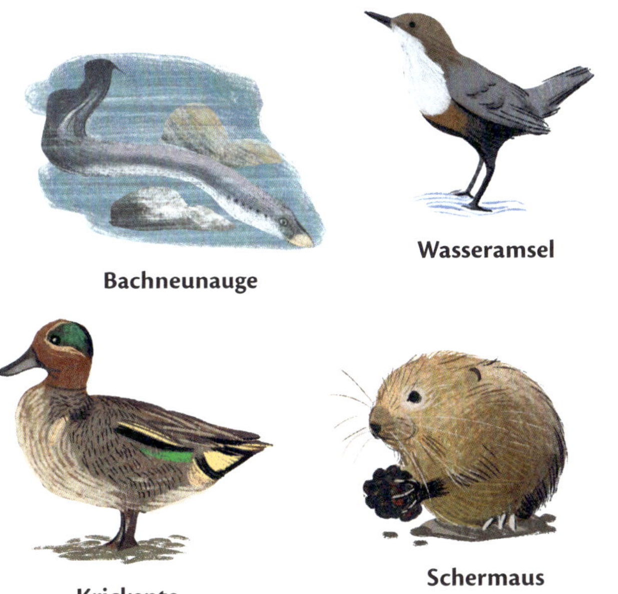

DIE RÜCKKEHR DER AASFRESSER

Der Anblick eines fliegenden Kalifornischen Kondors ist atemberaubend. Mit seiner Flügelspannweite von knapp drei Metern wirft er einen riesigen Schatten. Während diese großen Vögel ursprünglich fast in ganz Nordamerika lebten, kamen sie bereits im 15. Jahrhundert nur noch an der Westküste vor, und ihr Verbreitungsgebiet schrumpfte laufend weiter. Mitte des 20. Jahrhunderts nisteten sie nur noch in den Bergen an der Südküste Kaliforniens.

AASFRESSERPROBLEME

Kondore sind Aasfresser. Das bedeutet, dass sie tote Tiere fressen, wie zum Beispiel ans Ufer angespülte Robben und Wale. Außerdem machen sie sich gerne über totes Wild her, das von Jägern liegen gelassen wurde. Die Schrotkugeln der Jäger sind aus Blei, und so wurde die Bleivergiftung zu einer großen Bedrohung für die Kondore. In den 1980er Jahren lebten nur noch etwa 20 dieser Vögel in Freiheit. Schließlich wurden alle wild lebenden Kondore eingefangen und in Gehege gebracht, um die Art vor dem endgültigen Aussterben zu retten.

Die jungen Kondore sollen sich nicht an die Nähe des Menschen gewöhnen.

HANDPUPPEN

Mehrere Organisationen und Zoos arbeiteten zusammen, um eine in Gefangenschaft brütende Kondorkolonie zu gründen. Die Tierpfleger „stahlen" immer wieder die Eier aus den Nestern, weil die Kondorweibchen daraufhin noch mehr Eier legten. Um die geschlüpften Küken nicht an Menschen zu gewöhnen, wurden sie mit Handpuppen gefüttert, die wie erwachsene Kondore aussahen.

HEILIGE TIERE

Die erste Auswilderung Kalifornischer Kondore erfolgte 1992 im mexikanischen Bundesstaat Baja California. In Kalifornien und Arizona fanden weitere Auswilderungen statt. Wer heute in diesen US-Bundesstaaten lebt oder sie besucht, trifft dort sicherlich Kondore an, denn mittlerweile kreisen dort Hunderte von ihnen am Himmel.

Das in Nordkalifornien lebende Volk der Yurok organisierte ebenfalls eine Auswilderung. Der Kalifornische Kondor gilt den Yurok als heilig, außerdem wissen sie, wie wichtig er für die Natur ist. Sie arbeiten daran, die Vögel in einer Region wieder anzusiedeln, aus der sie seit 100 Jahren verschwunden sind.

Das Volk der Yurok hofft, noch viele Kalifornische Kondore auswildern zu können.

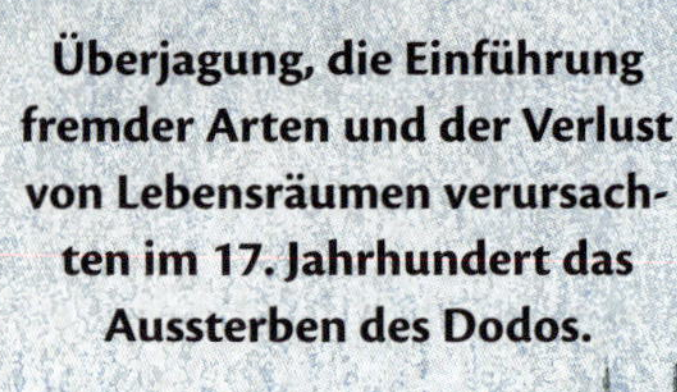
Überjagung, die Einführung fremder Arten und der Verlust von Lebensräumen verursachten im 17. Jahrhundert das Aussterben des Dodos.

WARUM VERSCHWINDEN ARTEN?

Das Aussterben einer Art kann ein natürlicher Vorgang sein. Im Laufe der Jahrmillionen, in denen sich die Erde veränderte, entstanden unzählige Arten, um später wieder zu verschwinden. Heute aber ist der Mensch schuld am Aussterben vieler Tier- und Pflanzenarten. Außerdem sterben die Arten wesentlich schneller aus als in der Vergangenheit. Und weil wir für dieses Problem verantwortlich sind, sollten wir etwas dagegen unternehmen. Es gibt einige Hauptgründe dafür, dass die Bestände wild lebender Arten laufend schrumpfen. Diese hier sind vier davon.

KLIMAWANDEL

Der Klimawandel, den wir Menschen verursacht haben, wird ein immer größeres Problem für wild lebende Tiere. Sie müssen sich an Veränderungen der Temperaturen und des Wetters sowie an ansteigende Meeresspiegel anpassen. Arten, die in der Lage sind, weite Strecken zurückzulegen, wie zum Beispiel Vögel, finden vielleicht neue Lebensräume. Es gibt aber auch Arten, die nicht weit wandern können. Tiere, die wie Eisbären perfekt an sehr kaltes Klima angepasst sind, finden möglicherweise keinen neuen Lebensraum, in dem sie sich wohlfühlen.

VERLUST DES LEBENSRAUMS

Ein Verlust von Lebensraum kann ganz offensichtlich sein, wie zum Beispiel wenn ein Teich in einen Parkplatz umgewandelt wird. Aber auch schleichende Veränderungen können schaden. So gibt es Wälder, in denen es von Natur aus regelmäßig brennt. Fallen diese Brände aus, dann siedeln sich neue Arten an und verdrängen die alten. Sobald der Mensch in natürliche Vorgänge eingreift, verändert er die Lebensbedingungen der ursprünglich heimischen Pflanzen- und Tierarten.

ÜBERJAGUNG

Weil sie zu stark gejagt wurden, verschwanden Arten, die einst in den USA sehr verbreitet waren, wie der Amerikanische Bison und die Wandertaube. Heute regeln in allen Ländern der Welt Gesetze, wie viele Tiere erlegt werden dürfen. Diese Gesetze sollen dafür sorgen, dass sich in der Vergangenheit gemachte Fehler nicht wiederholen.

EINGEFÜHRTE ARTEN

Eine starke Bedrohung für Tierarten stellen auch sogenannte Neozoen dar. Das sind Tierarten, die absichtlich (als Haustier oder Nutztier) oder aber unabsichtlich von Menschen in einen Lebensraum geholt wurden, in dem sie ursprünglich nicht vorkamen. Sie könnten die heimischen Arten fressen, ihnen Nahrung streitig machen oder Krankheiten verbreiten.

Entlaufene Tigerpythons aus Burma sorgen in Florida für Probleme.

URALTE SCHILDKRÖTEN

Die Galapagosinseln sind eine felsige Inselgruppe vor der Westküste von Ecuador. Berühmt wurden sie durch ihre einmalige Tierwelt. Charles Darwin, der die Inseln als junger Mann besuchte, sammelte hier das Material, auf dem seine Evolutionstheorie aufbaute. Zu den bemerkenswertesten tierischen Bewohnern der Insel zählen die Galapagos-Riesenschildkröten, die über 100 Jahre alt werden können.

Diese ausgesprochen langsamen Reptilien führten ein geruhsames Leben, weil sie auf den Inseln keine Fressfeinde hatten. Das änderte sich im 19. Jahrhundert, als durchreisende Seeleute auf die Idee kamen, die Schildkröten einzufangen und als Frischfleischreserve mit auf ihre Schiffe zu nehmen. Besonders verheerend wirkte sich dies auf die Unterart *Chelonoidis hoodensis* aus, die nur auf der Insel Española vorkommt. Die Art konnte sich nicht schnell genug vermehren, um die verschleppten Exemplare zu ersetzen, und war bald vom Aussterben bedroht.

In der Aufzuchtstation hatten die jungen Schildkröten bessere Chancen, das Erwachsenenalter zu erreichen.

DER RETTUNGSPLAN

In den 1970er Jahren lebten auf der Insel Española nur noch 14 Galapagos-Riesenschildkröten der Unterart *Chelonoidis hoodensis* und eine weitere im Zoo von San Diego in den USA. Alle 15 wurden in ein Aufzuchtzentrum auf der Galapagosinsel Santa Cruz gebracht. Hier waren sie in Sicherheit, und die Weibchen legten im Laufe der Jahre sehr viele Eier. Die geschlüpften jungen Schildkröten wurden später auf Española ausgewildert. Inzwischen sind einige von ihnen erwachsen und brachten weitere Schildkrötenbabys hervor. Das ist wirklich ermutigend!

KAKTUSFREUNDE

Vor langer Zeit wurden auf der Insel Ziegen ausgesetzt. Sie vermehrten sich und veränderten die Vegetation, so dass es heute nur noch wenige Kakteen gibt. Den Schildkröten lieferten die Kakteen Schatten und Nahrung, und die Schildkröten bedankten sich dafür, indem sie die Samen der von ihnen gefressenen Kaktusfrüchte mit ihrem Kot auf der Insel verbreiteten. Deshalb versuchen Forschende nun, die Zahl der Kakteen zu erhöhen.

Nachdem sie Tausenden junger Schildkröten das Leben geschenkt hatten, wurden die 14 eingefangenen Schildkröten 2020 auf Española ausgewildert, wo sie nun den wohlverdienten Ruhestand genießen.

WÜSTENBEWOHNER

Oryxantilopen sind an die heißen Sandwüsten Afrikas und der Arabischen Halbinsel optimal angepasst. Doch aufgrund starker Bejagung waren sie gegen Ende des 20. Jahrhunderts so gut wie ausgestorben. Zum Glück wurden Biologen und Biologinnen aus aller Welt rechtzeitig auf das Problem aufmerksam. Sie beschlossen, eine Zuchtgruppe zusammenzustellen, in der Hoffnung, die Nachkommen dieser Tiere eines Tages auswildern zu können. Für dieses Projekt wurden einige der wenigen noch wild lebenden Oryxantilopen gefangen, weitere Exemplare aus verschiedenen Zoos kamen dazu, bis die Gruppe aus neun erwachsenen Oryxantilopen bestand. Und der Plan ging auf! Die „Weltherde" genannte Zuchtgruppe brachte im Laufe der Jahre Hunderte von Jungtieren hervor.

MAL BESSER, MAL SCHLECHTER ...

Die Nachkommen der Zuchtantilopen wurden in Wüstengebieten von Oman, Saudi-Arabien, Israel, den Vereinigten Arabischen Emiraten und Jordanien freigelassen. Leider verlief danach nicht alles so, wie man es sich erhofft hatte.

Obwohl es im Oman anfangs ganz gut ausgesehen hatte, gingen die Bestände von Oryxantilopen aufgrund von Wilderei und dem Verlust geschützter Lebensräume bald wieder zurück. Weil sich die in Saudi-Arabien ausgesetzten Tiere mit einer Krankheit ansteckten, mussten die Jungen von ihren kranken Eltern getrennt und von Hand aufgezogen werden, damit sie gesund blieben. Dank dieser Maßnahme entwickelten sie sich gut und bekamen selbst wieder Junge.

DIE ORYXANTILOPE IST DAS WAPPENTIER MEHRERER LÄNDER DES MITTLEREN OSTENS UND AFRIKAS.

DURCHBRUCH

Für die Auswilderungsprojekte sah es nicht immer gut aus, doch mittlerweile schätzt man die Gesamtzahl der wild lebenden Oryxantilopen auf 1000. Dazu kommen natürlich noch all die in Gefangenschaft lebenden Exemplare. Alles in allem gelang es also tatsächlich, die aus den Wüsten des Mittleren Ostens beinahe verschwundene Art zu retten.

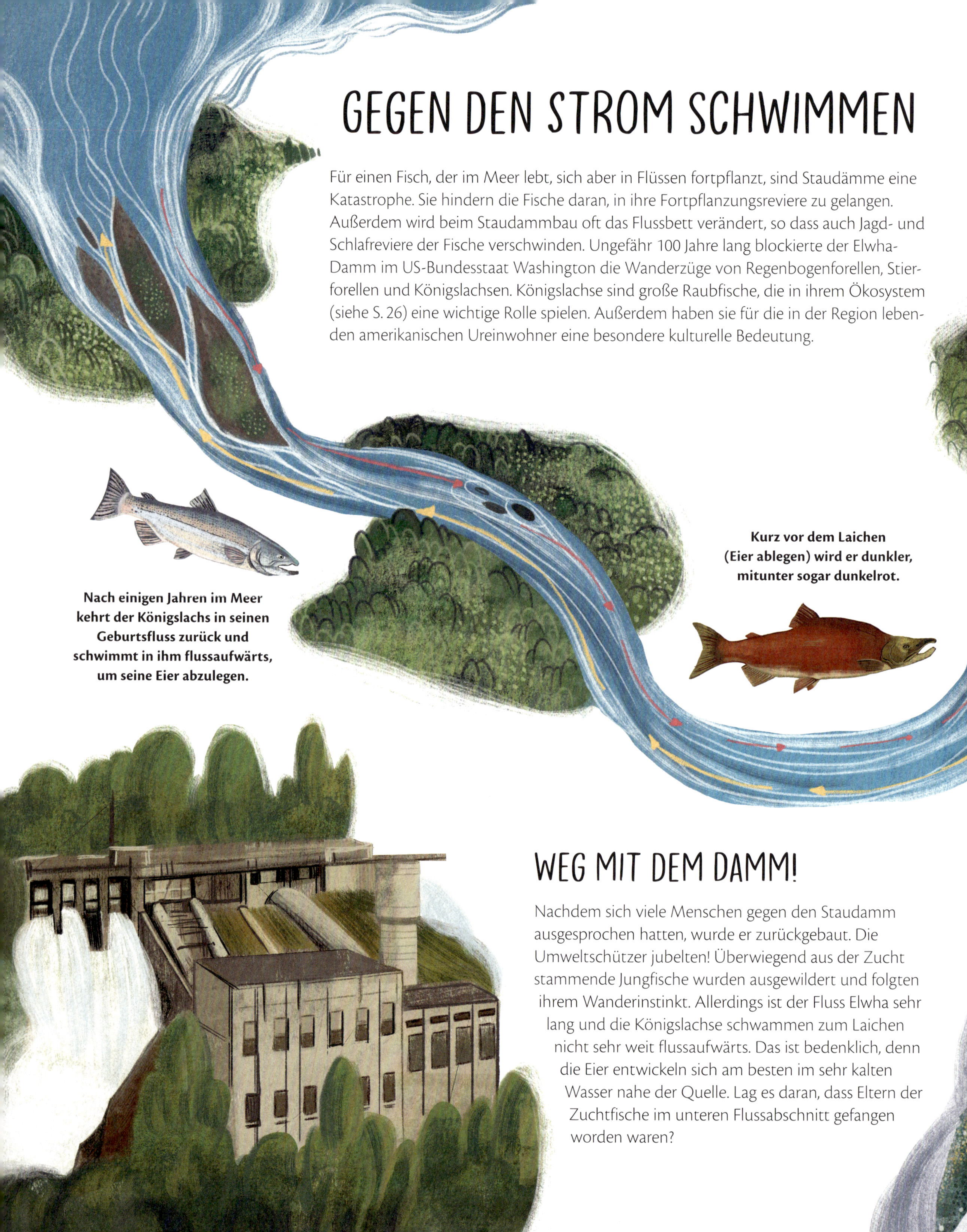

GEGEN DEN STROM SCHWIMMEN

Für einen Fisch, der im Meer lebt, sich aber in Flüssen fortpflanzt, sind Staudämme eine Katastrophe. Sie hindern die Fische daran, in ihre Fortpflanzungsreviere zu gelangen. Außerdem wird beim Staudammbau oft das Flussbett verändert, so dass auch Jagd- und Schlafreviere der Fische verschwinden. Ungefähr 100 Jahre lang blockierte der Elwha-Damm im US-Bundesstaat Washington die Wanderzüge von Regenbogenforellen, Stierforellen und Königslachsen. Königslachse sind große Raubfische, die in ihrem Ökosystem (siehe S. 26) eine wichtige Rolle spielen. Außerdem haben sie für die in der Region lebenden amerikanischen Ureinwohner eine besondere kulturelle Bedeutung.

Nach einigen Jahren im Meer kehrt der Königslachs in seinen Geburtsfluss zurück und schwimmt in ihm flussaufwärts, um seine Eier abzulegen.

Kurz vor dem Laichen (Eier ablegen) wird er dunkler, mitunter sogar dunkelrot.

WEG MIT DEM DAMM!

Nachdem sich viele Menschen gegen den Staudamm ausgesprochen hatten, wurde er zurückgebaut. Die Umweltschützer jubelten! Überwiegend aus der Zucht stammende Jungfische wurden ausgewildert und folgten ihrem Wanderinstinkt. Allerdings ist der Fluss Elwha sehr lang und die Königslachse schwammen zum Laichen nicht sehr weit flussaufwärts. Das ist bedenklich, denn die Eier entwickeln sich am besten im sehr kalten Wasser nahe der Quelle. Lag es daran, dass Eltern der Zuchtfische im unteren Flussabschnitt gefangen worden waren?

DIE NÄCHSTE GENERATION

Königslachse pflanzen sich nur einmal in ihrem Leben fort, sie haben also nur eine Chance. Die gute Nachricht ist, dass sich viele Nachkommen der ausgesetzten Zuchtfische ganz natürlich verhalten und ihre Jungen tatsächlich stromabwärts und ins Meer schwimmen. Nun kann man nur noch hoffen, dass sie sich fleißig vermehren und in Zukunft wieder Hunderttausende von Fischen stromaufwärts schwimmen, um die nächste Generation zu zeugen.

DIE KLAPPER-SCHLANGEN-INSEL

Was macht man, wenn eine Art gerettet werden muss, die keiner mag? Diese Frage stellt sich oft, wenn Tiere ausgewildert werden sollen, die als gefährlich gelten, wie zum Beispiel Schlangen.

Die Wald-Klapperschlange kommt in großen Teilen der östlichen und mittleren USA vor, ist im Norden jedoch ziemlich selten, was am dortigen kälteren Klima liegen kann. Früher war die Art in all diesen Gebieten stärker verbreitet, doch weil die Menschen Angst vor Klapperschlangen haben, töteten sie viele davon, und die Bestände gingen stark zurück.

In Massachusetts gibt es nur noch fünf kleine Populationen dieser Art. Als Population bezeichnet man eine Gruppe von Tieren, die in einem abgegrenzten Gebiet lebt. Fünf ist wenig, wenn man bedenkt, dass es in diesem US-Bundesstaat früher sehr viele Klapperschlangen gab. Eine Auswilderung von Zuchtexemplaren wäre gut für die Art, doch die Menschen wollen diese giftigen Schlangen nicht in ihrer Nähe haben.

Inseln, auf denen keine Menschen leben, können der ideale Ort für eine Auswilderung sein.

WO, WENN NICHT DORT?

Die Regierung schlug vor, 150 Wald-Klapperschlangen auf der Insel Mount Zion auszusetzen, die kaum jemals von Menschen besucht wurde.

Doch die Bewohner benachbarter Regionen protestierten energisch dagegen, und das Projekt wurde gestrichen. Die Weltbevölkerung wächst und breitet sich stetig aus, so dass es immer weniger abgelegene und wirklich isolierte Gegenden gibt. Wenn Tiere nur dort ausgewildert werden dürfen, wo keine Menschen hinkommen, wird es immer schwieriger werden, bedrohte Arten zu retten.

Wald-Klapperschlangen ernähren sich von kleinen Säugetieren. Diese verbreiten oft Parasiten und Krankheiten.

CHARISMATISCHE WESEN

Menschen mit einer besonderen Ausstrahlung bezeichnet man häufig als „charismatisch". Es gibt auch Tiere, die von Menschen als charismatisch empfunden werden. Oft sind dies Tiere, die knuddelig aussehen, wie Tiger, Bären und Löwen. Für diese Tiere bringen wir mehr Sympathie auf als für Nacktschnecken, Klapperschlangen oder Wespen. Charismatische Arten erhalten mehr Aufmerksamkeit in den Medien, und für ihre Auswilderungsprojekte wird mehr Geld zur Verfügung gestellt oder gespendet.

Keiner mag Nacktschnecken. Dabei sind sie für das Ökosystem wichtig: Sie zerkauen Blätter, verdauen sie und sorgen so dafür, dass deren Nährstoffe in den Boden zurückgelangen.

Auch Wespen sind sehr unbeliebt. Bienen werden als Bestäuber geschätzt, aber auch viele Wespen bestäuben Blüten. Und manche Wespenarten fressen Insekten, die Nutzpflanzen schädigen.

SPRECHENDE PAPAGEIEN

Puerto Rico ist eine karibische Insel, die früher von dichtem tropischen Regenwald bedeckt war. Ein Großteil dieses Waldes wurde im Laufe des 20. Jahrhunderts gerodet, weil die Menschen Holz und auch Platz für den Anbau von Nutzpflanzen brauchten. Für die vielen auf der Insel lebenden Arten war das sehr schlimm. Eine davon ist die Papageienart Puerto-Rico-Amazone. Durch das Abholzen des Waldes ging der Bestand stark zurück, und in den 1970er Jahren waren nur noch 20 wild lebende Puerto-Rico-Amazonen übrig. Sie alle lebten im Nationalpark El Yunque.

Tierschützerinnen und Tierschützer sammelten Eier und Küken ein. Die jungen Amazonen bildeten Schwärme. Weil sie elternlos aufwuchsen, entwickelten sie eine eigene, neue Sprache. In diese mischten sich Laute der Hispaniola-Amazonen, die als Pflegeeltern eingesetzt worden waren.

GUT BEWACHT

Weil die ausgewilderten Puerto-Rico-Amazonen ihre eigene Sprache sprechen, befürchtet man, dass sie keinen Kontakt zu wild aufgewachsenen Artgenossen aufnehmen können. Die ausgewilderten Amazonen wurden mit kleinen Sendern versehen, damit Forschende ihr Verhalten beobachten konnten. Seither weiß man, dass Falken Fressfeinde der Amazonen sind. Trotz einiger Rückschläge erholt sich die Art inzwischen. Heute trifft man diese Papageien sowohl im Nationalpark El Yunque als auch im Staatswald Rio Abajo an. Allerdings sind die Bestände immer noch ziemlich klein.

STURMSCHÄDEN

Wenn von einer Art nur noch wenige wild lebende Exemplare übrig sind, wächst sich jede Störung ihres Lebensraums zu einem großen Problem aus. In Puerto Rico traten schon immer Hurrikans auf, doch infolge des Klimawandels sind diese Stürme inzwischen stärker und häufiger. Gäbe es Tausende von Puerto-Rico-Amazonen, dann wäre es nicht so schlimm, wenn ein paar Dutzende oder sogar Hunderte bei einem Unwetter ums Leben kommen. Da es aber nur noch wenige dieser Papageien gibt, gefährdet jeder Hurrikan den Bestand. Deshalb ist ihr Schicksal weiterhin ungewiss.

WAS IST EIN ÖKOSYSTEM?

Wenn du durch einen Wald oder über eine Wiese gehst, entdeckst du viele Pflanzen und Insekten. Vögel fliegen über dich hinweg, vielleicht siehst du sogar ein kleines Säugetier. Zwischen all diesen Arten besteht eine Verbindung. Manche von ihnen kommen in vielen verschiedenen Lebensräumen vor, andere können nur unter ganz bestimmten Bedingungen leben, aber stets gibt es zwischen allen Arten eines Lebensraums eine Verbindung. Die Gesamtheit dieser Beziehungen bezeichnet man als Ökosystem. Wenn eine Art in einem Gebiet ausgewildert wird, aus dem sie ursprünglich stammt, kommt dessen Ökosystem wieder ins Gleichgewicht.

DIE AFRIKANISCHE SAVANNE

Die afrikanische Savanne ist eines der bekanntesten Ökosysteme der Welt. Sie ist einzigartig, denn sie hat ein warmes Klima mit sommerlicher Regenzeit, besteht aus weitläufigem Grasland mit kleinen Baumgruppen und ist der Lebensraum vieler verschiedener Arten. Diese Kombination von Klima, Pflanzen und Tierarten findet man nirgendwo sonst auf der Welt. Sogar die kleinsten Arten sind für das Ökosystem der Savanne wichtig, und das Verschwinden jeder einzelnen Art würde sich in der ganzen Region bemerkbar machen.

ICH BRAUCHE PLATZ!

Bei der Planung eines Auswilderungsprojekts muss die Größe des betroffenen Gebiets berücksichtigt werden. Es muss genügend Platz für die wiedereingeführten Arten und ihre zu erwartenden Nachkommen vorhanden sein. Auch darf nicht vergessen werden, dass große Tiere oft mehr Platz brauchen als kleine. So suchten sich amerikanische Biologen und Biologinnen etwa für die Auswilderung von Schwarzfußiltissen große Ranchen aus, auf deren Gebiet es viele Präriehunde gab, von denen sich die Schwarzfußiltisse ernähren.

ÖKOSYSTEM-INGENIEURE

Manchmal ist das Ziel einer Auswilderung nicht nur der Erhalt einer Art, sondern auch die Reparatur eines Ökosystems. Wölfe kommen in vielen Regionen der Welt vor, und wenn sie verschwinden, fehlt im Ökosystem ein wichtiges Element. Die Rückkehr der Wölfe stellt das Gleichgewicht zwischen vielen anderen Arten wieder her. Dann gibt es noch die Ökosystem-Ingenieure. Das sind Tiere, die in einem Lebensraum Veränderungen vornehmen, die auch anderen Arten zugutekommen. Alligatoren drücken mit ihrem Körper tiefe Kuhlen in den feuchten Boden. So entstehen Wasserlöcher, die auch Trockenheiten überstehen und anderen Tieren als Tränke dienen.

DIE WÖLFE VON YELLOWSTONE

Im Yellowstone-Nationalpark in Montana, USA waren die Wölfe die wichtigsten Fleischfresser. Über Tausende von Jahren hinweg streiften Wölfe durch die Wälder Nordamerikas und ernährten sich von großen Säugetieren wie zum Beispiel Wapiti-Hirschen. Weil sie am oberen Ende der Nahrungskette standen, bezeichnet man sie auch als Apex-Prädatoren. Doch dann kam der Mensch …

Räuberisch lebende Tiere haben innerhalb eines Ökosystems eine wichtige Funktion. Ihr Fehlen kann sich auf viele andere Arten auswirken. Fallen etwa Raubtiere weg, die große Säugetiere fressen, so vermehren sich die Pflanzenfresser so stark, dass zu viele Pflanzen abgeweidet werden. Dadurch verändert sich die Landschaft.

DURCH JAGD AUSGEROTTET

Wölfe zählen zu den weltweit am stärksten gejagten Arten. Viele Regierungen setzten sogar Prämien für das Töten von Wölfen aus. Das geschah auch in den USA. Und sogar in deren Nationalparks waren die Wölfe kaum geschützt. Wölfe sind erfolgreiche Raubtiere mit scharfen Zähnen und der Fähigkeit, im Rudel zu jagen. Jägern mit Gewehren aber waren sie schutzlos ausgeliefert. Um 1926 gab es im Yellowstone-Nationalpark keinen einzigen Wolf mehr.

HIRSCH-SCHWEMME

Sobald die Wölfe verschwunden waren, vermehrten sich die Wapiti-Hirsche in ungeheurer Zahl. Sie knabberten an Ahornbäumen und Pappeln, deren Wurzeln die Ufer von Flüssen und Bächen befestigten, in denen Lachse und andere Fische lebten. Gleichzeitig wuchs auch der Bestand an Kojoten, denn diese konnten die Reviere der Wölfe übernehmen. Die Kojoten spezialisierten sich darauf, die Kitze der Gabelböcke zu fressen. Das Ökosystems des Yellowstone-Nationalparks war außer Kontrolle geraten!

In der zweiten Hälfte des 20. Jahrhunderts erkannte man diese Zusammenhänge und beschloss, die Wölfe in den Nationalpark zurückzuholen.

WÖLFE GALTEN ALS SCHÄDLINGE. DOCH IHR FEHLEN MACHTE SICH BALD BEMERKBAR.

DIE RÜCKKEHR DER WÖLFE

1995 wurden in der kanadischen Provinz Alberta 14 Wölfe eingefangen und in den tief verschneiten Yellowstone-Nationalpark gebracht. Ihr alter Lebensraum war mit seinen Bergen, Wiesen und vor allem vielen Wapitis dem Nationalpark sehr ähnlich. Diese Wölfe würden in der Lage sein, in ihrem neuen Lebensraum erfolgreich zu jagen und zu überleben.

WILLKOMMEN IN YELLOWSTONE!

Die ersten Monate verbrachten die Wölfe in Gehegen, damit sie sich in aller Ruhe an die neue Umgebung gewöhnten. Im folgenden Jahr kamen 17 weitere Wölfe hinzu. Die freigelassenen Wölfe bildeten Rudel, markierten ihre Reviere und lebten sich ein. Und sie stellten das Gleichgewicht im Ökosystem wieder her.

Mit der Zeit lernten einige der Wölfe, Bisons zu jagen, obwohl Bisons wesentlich größer und für die Wölfe auch gefährlicher sind als Wapiti-Hirsche. Mittlerweile leben im Yellowstone-Nationalpark ungefähr 100 Wölfe in zehn Rudeln. Allerdings verändern sich diese Zahlen leicht von Jahr zu Jahr.

DIE AUSWIRKUNGEN

Die Wölfe zeigten, wie stark sich Raubtiere auf ihr Ökosystem auswirken können. Im Durchschnitt tötete und fraß jeder Wolf im Jahr zwei Dutzend Wapitis. Die überlebenden Wapitis veränderten ihr Verhalten, indem sie sich nun zum Beispiel vorwiegend in Waldgebieten aufhielten. Bald nach Rückkehr der Wölfe veränderte sich auch das ganze Ökosystem und wurde mehr und mehr so, wie es vor dem Verschwinden der Wölfe gewesen war.

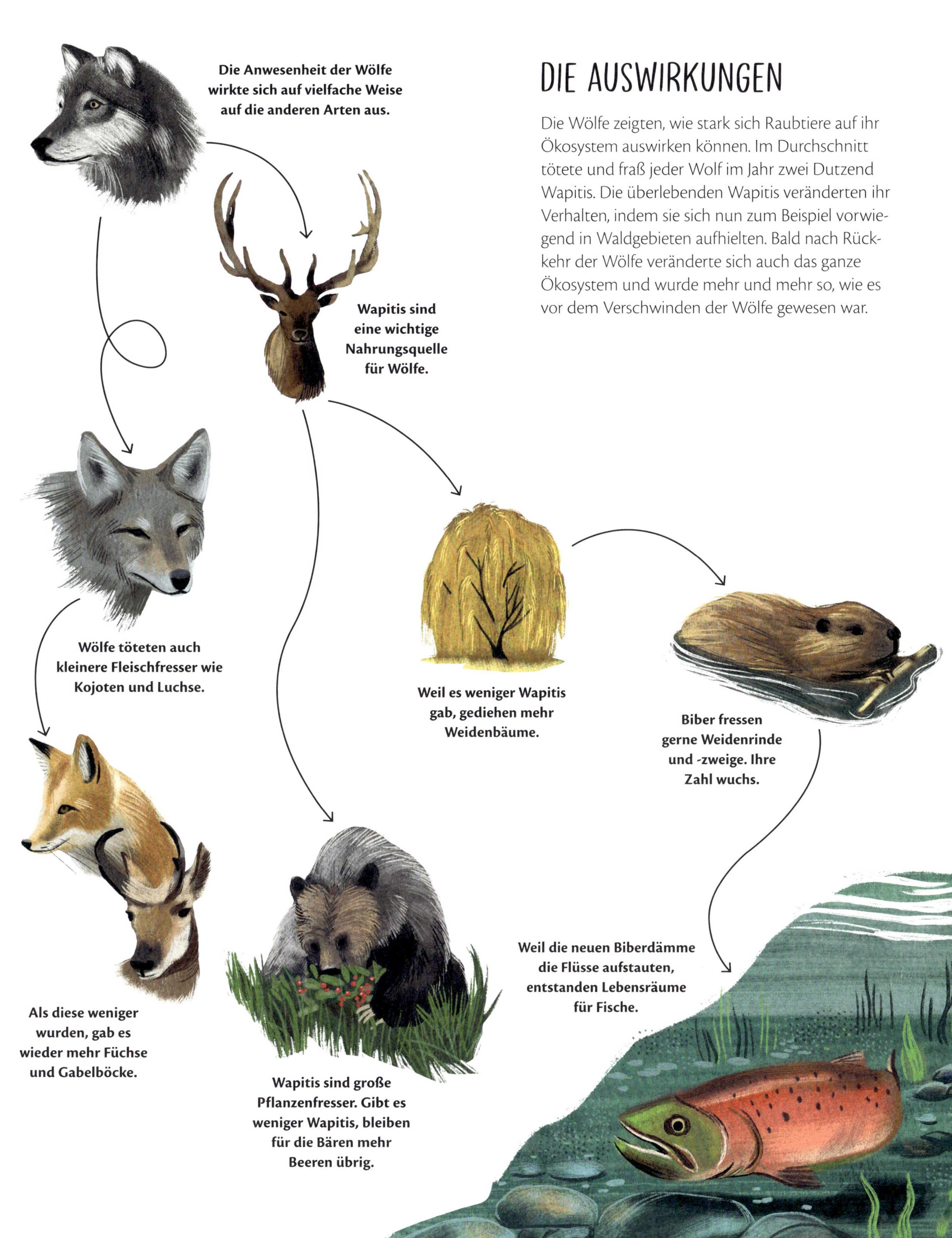

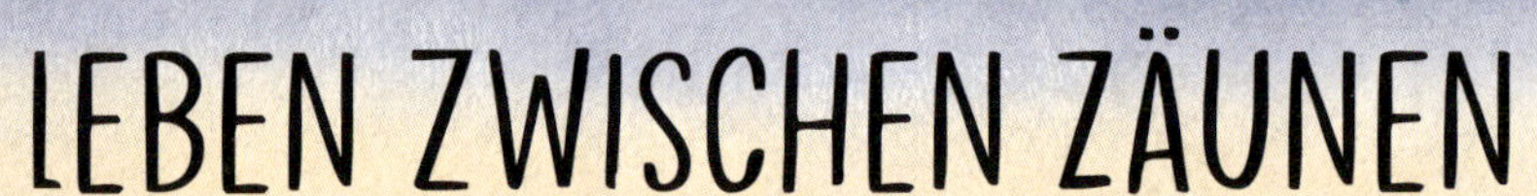

LEBEN ZWISCHEN ZÄUNEN

Das Naturreservat Arid Recovery Reserve liegt in einer sehr trockenen und staubigen Region Südostaustraliens. Jahrelang litten die heimischen Tier- und Pflanzenarten unter den Kaninchen, Katzen und Füchsen, die Menschen auf die Insel mitgebracht hatten. Die Katzen und Füchse ernährten sich von den Beuteltieren, während die Kaninchen die Pflanzen abfraßen. Die drei eingeführten Arten bewirkten, dass sich die Landschaft veränderte. Die heimischen Tiere, die an die alten Bedingungen gewöhnt waren, waren an diese veränderte Landschaft nicht angepasst.

Um die heimischen Arten zu schützen, gründeten die Regierung, Biologen und Biologinnen und das Ureinwohnervolk der Kokatha gemeinsam ein Naturreservat und zäunten es ein. Aus dem umzäunten Gebiet wurden alle nicht heimischen Arten entfernt.

Im Gegenzug führte man Arten ein, die ursprünglich in der Region vorkamen, nämlich die Große Häschenratte und den Streifen-Langnasenbeutler (die beide auf dem australischen Festland ausgerottet waren und nur noch auf Inseln wild lebten) sowie den Großen Kaninchennasenbeutler, den Schwarzschwanz-Beutelmarder und das Lesueur-Bürstenkänguru. Die Bürstenkängurus lebten sich am besten wieder ein: Nach ein paar Jahrzehnten hatten die 29 ausgewilderten Exemplare knapp 10 000 Nachkommen.

IN AUSTRALIEN LEBEN HEUTE VIELE EINGEFÜHRTE ARTEN, VON KRÖTEN BIS HIN ZU KAMELEN.

Schwarzschwanz-Beutelmarder

Großer Kaninchennasenbeutler

Streifen-Langnasenbeutler

Je nach Art braucht man unterschiedliche Zäune. Dieser hier hält Kletterer ab.

PROBLEME

Wenn eine ausgewilderte Population aus nur wenigen Tieren besteht, können Fressfeinde zu einem großen Problem werden. Drei von fünf ausgewilderten Numbats (oder Ameisenbeutlern) wurden von Greifvögeln gefressen, und sämtliche neun ausgewilderten Schwarzkopfpythons wurden von Mulgaschlangen getötet, die zu den giftigsten Schlangen der Welt zählen.

Das Reservat besteht aus einer großen Anzahl von Gehegen, in denen Forschende beobachten, wie heimische und ausgewilderte Tiere miteinander leben. Ziel ist es, den heimischen Arten das Überleben außerhalb umzäunter Schutzgebiete zu erleichtern. Natürlich müssen die Zäune laufend kontrolliert werden, um sicherzugehen, dass sie nicht von Stürmen oder aber kämpfenden Kängurus beschädigt werden – denn immerhin sind wir ja hier in Australien.

Kann man eingeführte Arten nicht loswerden, ist es sinnvoll, die zu schützenden Arten einzuzäunen. Auf diese Weise werden hier in Australien zahlreiche Beuteltierarten vor dem Aussterben bewahrt.

Lesueur-Bürstenkänguru

Große Häschenratte

DIE KAISERLICHEN HIRSCHE

Davidshirsche, auch Milu genannt, durchstreiften einst die weitläufigen Sümpfe Chinas, wo sie im Laufe der letzten Jahrhunderte immer seltener wurden. Weil sie stark bejagt wurden und ihr Lebensraum schrumpfte, war 1895 nur noch eine einzige Herde übrig. Sie war Eigentum des Kaisers von China und lebte innerhalb der Mauern des kaiserlichen Jagdparks Nanyuan.

Dann ereignete sich eine Katastrophe: Eine Überschwemmung zerstörte eine Mauer des Gartens. Viele Hirsche liefen davon und wurden von Einheimischen erlegt und gegessen. Und die zwei Dutzend Hirsche, die im Park geblieben waren, wurden einige Jahre später von eingedrungenen ausländischen Soldaten getötet. Damit war der Milu beinahe ausgestorben.

Zum Glück hatte China einige Jahre zuvor ein paar Exemplare einigen europäischen Zoos geschenkt. Herbrand Russell, der 11. Herzog von Bedford, beschloss, die Art zu retten. Er übernahm die Hirsche aus den verschiedenen Zoos und stellte eine Herde zusammen, die er auf seinen Ländereien in Großbritannien weiden ließ. Die Hirsche schienen sich bei ihm wohlzufühlen und vermehrten sich. Jedes Hirschkalb war ein kleiner Triumph!

RÜCKKEHR NACH CHINA

Die erste Auswilderung in China fand in den 1980er Jahren statt, als ein paar Dutzend Hirsche südlich von Beijing freigelassen wurden. Viele weitere Auswilderungsprojekte folgten, und mittlerweile streifen Tausende von Davidshirschen in mehreren Dutzend Herden durch Chinas Wälder.

Aber sind sie hier wirklich wieder heimisch? Manche Forschenden finden, dass das nicht der Fall ist. Zumindest so lange nicht, bis sich neue wild lebende Herden gebildet haben und man herausgefunden hat, ob sie auch ohne die Unterstützung des Menschen auskommen können.

DER DAVIDSHIRSCH IST EIN GUTER SCHWIMMER: ER BESITZT SCHWIMMHÄUTE!

Der Davidshirsch konnte nur überleben, weil einige Weibchen auf den Ländereien eines englischen Herzogs Kälber bekamen.

KRITIK

Ein Problem bei Auswilderungsprojekten ist, dass sie manchmal scheitern – und das, obwohl sie viel Zeit und Geld kosten. Es kommt immer wieder vor, dass ausgewilderte Pflanzen- oder Tierarten nicht genügend Nachkommen haben oder aber dass sie nicht lange genug überleben, um sich ohne die Hilfe von Menschen fortzupflanzen. Tierschützer und Tierschützerinnen halten dagegen, dass ein gut geplantes und vorbereitetes Projekt Erfolg haben kann. Und dass es sich immer lohnt, es zu versuchen.

UNERWÜNSCHTE NACHBARN

Auch wird oft kritisiert, dass bei Auswilderungsprojekten nur selten nach der Meinung der Anwohner gefragt wird. Die Auswilderung von Raubtieren wie Bären oder Großkatzen kann die Gefährdung von Menschen, Nutztieren und Haustieren zur Folge haben. Manche Leute sagen, dass der Artenschutz nicht den Vorrang vor dem Schutz von Menschenleben haben darf.

PFLASTER ODER HEILUNG?

Manche Leute sehen Auswilderungsprojekte als unzureichend an. Sie helfen zwar, eine Art zu erhalten, beseitigen aber nicht die Faktoren, die diese Art bedrohen, wie zum Beispiel Bejagung oder den Verlust von Lebensraum. Aber eigentlich sind Auswilderungen ja auch gar nicht als die Lösung all unserer Probleme gedacht. Sie stellen nur eine Möglichkeit dar, in der Vergangenheit entstandene Umweltprobleme zu lösen. Auch sollen Auswilderungen den herkömmlichen Artenschutz nicht ersetzen, sondern nur ergänzen.

DIE GRUNDIDEE

Auswilderungsprojekte müssen sehr gut geplant und durchdacht sein. Zudem ist Auswilderung nicht immer die beste Lösung. Wichtig ist außerdem, dass die von dem Projekt und seinen Folgen unmittelbar betroffenen Menschen in die Planung und Durchführung mit einbezogen werden, um Konflikte zwischen ihnen und den ausgewilderten Arten zu vermeiden.

DIE TIGER VON SARISKA

Städtern fällt es leicht zu sagen, dass sie die Auswilderung großer Raubtiere unterstützen, denn sie werden ihnen nie in freier Wildbahn begegnen! Für Menschen, die auf dem Land leben, sieht die Sache anders aus. Das gilt zum Beispiel bei Tigern. Diese Großkatzen sind im Allgemeinen sehr beliebt, stellen aber für alle in ihrer Nähe ein Problem dar. Sie könnten Nutztiere fressen und töten gelegentlich sogar Menschen.

Wenn man die Auswilderung von Tigern plant, sollte man mit Einheimischen zusammenarbeiten und ihre Bedenken berücksichtigen. Auf diese Weise stellt man sicher, dass sie das Projekt unterstützen, seine Bedeutung kennen – und die ausgewilderten Tiere nicht jagen. Denn mit dem Erlegen von Tigern und ihrem Verkauf lässt sich viel Geld machen.

Im Sariska Tiger Reserve in Indien war Wilderei ein großes Problem. 2005 lebten in diesem Naturreservat keine Tiger mehr. Doch dann geschah ein kleines Wunder ...

VATERLIEBE

Im ungefähr 145 Kilometer südlich des Sariska Tiger Reserve gelegenen Nationalpark Ranthambore starb ein Tigerweibchen. Das wäre schon traurig genug, doch in diesem Fall war es noch schlimmer, denn die Tigerin hatte zwei Junge! Weil Tigerbabys normalerweise von der Mutter alleine aufgezogen werden, stand es um ihre Überlebenschancen schlecht. Doch dann geschah etwas Unerwartetes: Der Vater der Tigerbabys kam, beschützte seine kleinen Töchter und zeigte ihnen, wie man jagt und überlebt.

EIN NEUBEGINN

Im Nationalpark Ranthambore wurden ein paar weitere Tiger eingefangen und in das Sariska Tiger Reserve gebracht. Sie lebten sich dort gut ein und ernährten sich von Affen, Hirschen, viel anderem Wild … und Nutztieren. Doch eines der Männchen starb durch Gift, und nur wenige Tigerbabys wurden geboren. 2013 wurden die beiden von ihrem Vater aufgezogenen Tigerweibchen nach Sariska gebracht. Das, was sie von ihrem Vater gelernt hatten, half ihnen, in der neuen Heimat zu überleben. Sie bekamen selbst Junge, und nachdem einige Jahre vergangen waren, begann die Tigerpopulation von Sariska anzuwachsen. Schätzungsweise leben in diesem Naturreservat mittlerweile knapp zwei Dutzend Tiger.

GEFIEDERTE RAKETE

Der Wanderfalke ist das schnellste Tier der Welt, denn im Sturzflug erreicht er eine Geschwindigkeit von bis zu 300 Kilometern pro Stunde. Dank seiner Schnelligkeit kann er Vögel in der Luft angreifen, bevor sie überhaupt merken, dass sie in Gefahr sind. Zwar sind Wanderfalken erfolgreiche Greifvögel, doch wurden sie durch DDT beinahe ausgerottet. DDT ist ein chemisches Mittel zur Schädlingsbekämpfung, das man früher in der Landwirtschaft einsetzte. Weil es von Flugzeugen breitflächig ausgesprüht wurde, gelangte das DDT nicht nur in Insekten, sondern auch in Pflanzen und in alle Tiere, die vergiftete Insekten fraßen. Die Schalen der Eier von Greifvögeln wurden durch das Gift so dünn, dass sich die Küken darin nicht entwickeln konnten. Die Bestände schrumpften. In den USA wurden Wanderfalken 1970 für gefährdet erklärt, und wenig später wurde DDT verboten. Nun konnte man beginnen, die majestätischen Greifvögel zurückzuholen.

Mitte des 20. Jahrhunderts war DDT ein weit verbreitetes Schädlingsbekämpfungsmittel, das über den Feldern ausgesprüht wurde.

SELBSTÄNDIGE KÜKEN

Als Erstes entwickelten Forschende Methoden, um Falken zu vermehren und die Küken aufzuziehen, ohne dass sie allzu viel Kontakt zu Menschen hatten. Die Küken kamen in sehr hoch gehängte Kästen. Das Futter wurde durch ein kleines Loch hineingeworfen, ohne dass die Vogelbabys Menschen sahen. Wenn die jungen Falken alt genug waren, um mit dem Fliegen zu beginnen, wurde der Kasten geöffnet, und es gab weniger Futter. Diese Methode war sehr erfolgreich, und 1999 konnte der Wanderfalke von der amerikanischen Liste der gefährdeten Arten gestrichen werden. Ähnliche Projekte in anderen Ländern führten dazu, dass sich die Wanderfalkenbestände weltweit erholten.

STADTVÖGEL

Interessanterweise fühlen sich diese Greifvögel, die beinahe ausgestorben wären, nicht nur in abgelegenen Gegenden wohl, sondern auch in Städten. Es gibt Wanderfalken, die auf Fensterbrettern, in Kirchtürmen oder an Brücken nisten. Sie alle ernähren sich von den reichlich vorhandenen Stadttauben. In manchen Städten gibt es kameraüberwachte Falkennester, und wer sich in die dazugehörige Website einloggt, kann bei der Entwicklung der Jungen zusehen. Schau nach oben, wenn du in einer Stadt bist: Vielleicht kannst du am Himmel Falken kreisen sehen..

MANCHE WANDERFALKEN FLIEGEN JEDES JAHR ÜBER 10 000 KILOMETER WEIT.

DIE SCHLAMMTEUFEL

Schlammteufel zählen zu den größten Amphibien der Welt. Im Englischen haben sie viele weitere Namen wie *slime otters*, „Schleimotter", weil ihr Körper von Schleim überzogen ist, oder *lasagna sides*, weil die Hautfalten an den Seiten weich wie Nudeln sind. Obwohl sie wirklich nicht hübsch sind, gibt es viele Menschen, die sich für sie engagieren.

Schlammteufel sind ausschließlich im Wasser lebende Riesensalamander, die in klaren Bergbächen der östlichen und mittleren USA heimisch sind. Weil sie sehr sauberes Wasser brauchen, gehen die Bestände sofort stark zurück, wenn das Wasser verunreinigt ist oder zu viel Sand und Erde enthält. Werden Bäume an Bachufern gefällt, so fehlen ihre Wurzeln, die bisher den Schlick zurückhielten. Dieser setzt sich auf den Steinen ab, unter denen sich die jungen Schlammteufel entwickeln.

Wenn eine Schlammteufel-Population gefährdet ist, merkt man das oft erst zu spät. Die erwachsenen Tiere haben eine hohe Lebenserwartung von 20 bis 30 Jahren, doch wenn die Wasserzusammensetzung nicht stimmt, vermehren sie sich nicht mehr. Sterben die erwachsenen Tiere, verschwindet der Bestand.

Mehrere Zoos entwickelten Zuchtstrategien für die beiden Unterarten *Cryptobranchus alleganiensis alleganiensis* und *Cryptobranchus alleganiensis bishopi*. Unter anderem legten sie große künstliche Bachbiotope mit fließendem Wasser an. In diesen Anlagen wuchsen Tausende von jungen Schlammteufeln heran, die später ausgewildert werden konnten.

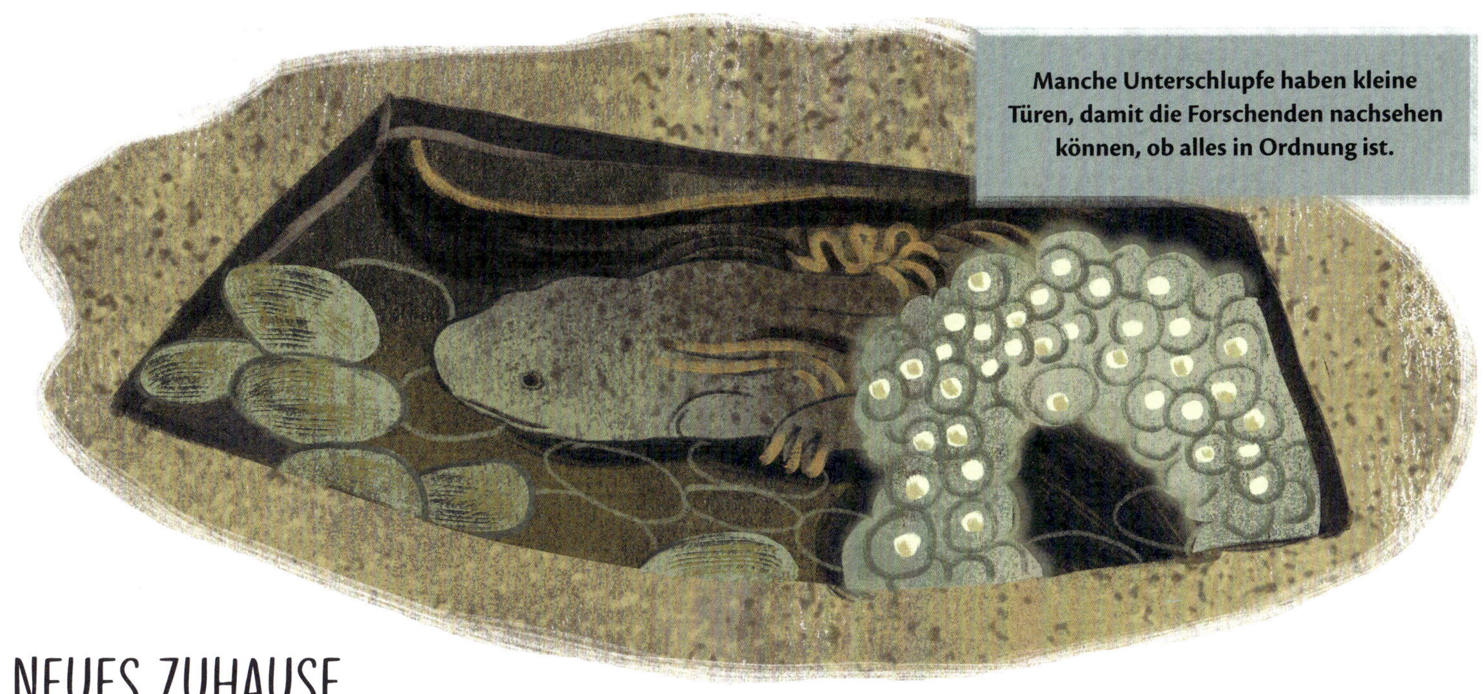

Manche Unterschlupfe haben kleine Türen, damit die Forschenden nachsehen können, ob alles in Ordnung ist.

NEUES ZUHAUSE

Eine weitere Maßnahme zur Erhaltung dieser Art bestand darin, in den Bächen künstliche Unterschlupfe zwischen Steinen zu bauen, in denen die Schlammteufel-Weibchen ihre Eier ablegen und die Männchen ungestört die Brutpflege übernehmen können.

Auf diese Weise wurde die Vermehrung ausgewilderter Schlammteufel erfolgreich gefördert. Doch können diese Maßnahmen die seltenen Riesensalamander nur kurzfristig unterstützen, solange die Verschmutzung der Bäche nicht verhindert werden kann.

VORSICHT, KRÖTE!

Beutelmarder sind in Australien und Neuguinea räuberisch lebende Beuteltiere. Die größten von ihnen sind in etwa so groß wie eine stattliche Hauskatze. Der Zwergbeutelmarder zählt zu den kleinsten Arten und kommt in den Küstengebieten Nordaustraliens vor. Und er ist in Gefahr – wegen einer nicht besonders lecker schmeckenden Kröte.

Aga-Kröten wurden in der ersten Hälfte des 20. Jahrhunderts nach Australien eingeführt. Sie sollte helfen, schädliche Insekten in Zuckerrohrplantagen zu bekämpfen.

Leider fühlten sich die Aga-Kröten in Australien so wohl, dass sie sich explosionsartig vermehrten. Bei der Bekämpfung schädlicher Insekten erwiesen sie sich leider als ziemlich nutzlos. Dafür aber wurden sie zu einer großen Gefahr für viele einheimische Tierarten. Denn sie sind giftig, und Tiere, die sie fressen, können an ihnen sterben. Zu den Opfern zählten auch die Zwergbeutelmarder.

Biologen und Biologinnen wollten Zwergbeutelmarder auswildern, doch die vielen Millionen Aga-Kröten würden auch diese vergiften. Was war zu tun? Die Forschenden fütterten die Zwergbeutelmarder mit jungen Aga-Kröten, die noch nicht sehr giftig sind. Die kleinen Kröten waren mit Chemikalien präpariert, von denen den Zwergbeutelmardern schlecht wurde, an denen sie aber nicht starben.

Der Zwergbeutelmarder hält sich überwiegend am Boden auf, ist aber auch ein guter Kletterer.

Dadurch lernten die Zwergbeutelmarder mit der Zeit, Aga-Kröten zu meiden. Zur großen Freude der Forschenden erinnerten sich viele Zwergbeutelmarder in freier Wildbahn an ihre „Ausbildung" und überlebten selbst dort, wo es viele Aga-Kröten gab.

WURSTBOMBEN

Wie aber könnte man wild lebenden Zwergbeutelmardern beibringen, Aga-Kröten zu meiden? Und würden die „ausgebildeten" Mardermütter ihren Kindern beibringen, was sie in Gefangenschaft gelernt hatten? Die Forschenden kamen auf eine interessante Idee und setzten sie um: Von Hubschraubern wurden leicht giftige „Krötenwürste" abgeworfen. Man hoffte, dass den Zwergbeutelmardern davon ein bisschen schlecht wurde und sie dadurch lernten, sich von Aga-Kröten fernzuhalten. Mit der Zeit wird man sehen, ob das funktioniert.

VON PFLANZEN UMGEBEN

Beim Thema Artenschutz geht es meistens um Tiere, doch verdienen auch Pflanzen unsere Aufmerksamkeit. Schau mal aus dem Fenster oder mache einen Spaziergang und zähle dabei, wie viele Pflanzen und wie viele verschiedene Arten du siehst. Dadurch wird dir bewusst, dass wir von unglaublich vielen Pflanzen umgeben sind, Pflanzen in allen möglichen Formen und Größen. Auch wenn eine Pflanze in der freien Natur ausstirbt, sollten wir über ein Auswildern nachdenken, denn ebenso wie bei Tieren ist jede Art etwas Besonderes und spielt in ihrem Ökosystem eine wichtige Rolle.

Bäume und andere Pflanzen nehmen Kohlendioxid auf …

CO_2-FÄNGER

Pflanzen tun uns gut. Durch die Fotosynthese nehmen sie Kohlendioxid (Abkürzung: CO_2) aus der umgebenden Luft auf und speichern es in ihren Blättern, Stängeln und Stämmen. Im Gegenzug geben sie Sauerstoff ab, den wir zum Atmen brauchen. Wenn es auf der Erde keine Pflanzen gäbe, gäbe es uns also auch nicht! Das Verbrennen von Erdöl, Gas und Kohle, bei dem sehr viel CO_2 entsteht, ist eine der Hauptursachen für den Klimawandel. Überlege mal, wie viel Kohlendioxid in einem Wald gespeichert ist!

… und geben Sauerstoff ab.

BAUMHAUS

Pflanzen sind auch für die Tiere wichtig. Bäume können für sie Zuhause, Versteck und Nahrungsquelle sein. Stell dir einen großen, Früchte tragenden Baum im Amazonas-Regenwald vor. Zwischen seinen Ästen verstecken sich Schlangen und Affen vor ihren Fressfeinden, Papageien fressen die Früchte. Heruntergefallene Früchte werden von großen Pflanzenfressern wie zum Beispiel Tapiren vertilgt.

DERZEIT SIND UNGEFÄHR 400 000 PFLANZENARTEN BEKANNT.

DORNIGE FESTUNG

Ein Saguarokaktus sieht für uns nicht gerade gemütlich aus. Tatsächlich aber bieten diese großen Kakteen vielen Tieren ein Zuhause. Der Gilaspecht liebt ihn geradezu. Er legt im Kaktus eine Nisthöhle an. Verlassene Spechthöhlen werden gerne von anderen Tieren wie etwa Eulen übernommen.

DIE FLEISCHFRESSENDE PFLANZE

Seit Jahrhunderten wird in Mooren Torf abgebaut.

Pflanzen leben von Sonnenlicht und Wasser. Doch wenn du dich schon mal um Topfpflanzen gekümmert hast, weißt du, dass sie auch andere Bedürfnisse haben können. Manche Arten benötigen eine besondere Kombination aus Licht und Wasser. Außerdem brauchen alle Pflanzen auch Nährstoffe. Wir erhalten unsere Nährstoffe aus der Nahrung, die wir essen. Pflanzen beziehen ihre durch Fotosynthese und aus dem Boden. Doch der Boden ist nicht überall gleich, und an manchen Orten enthält er kaum Nährstoffe. Moore sind besonders nährstoffarm. Wie können dort wachsende Pflanzen überleben? Sie wurden zu Fleischfressern! Fleischfressende Pflanzen fangen Insekten, Spinnen und andere kleine Tiere in Fallen und verdauen sie dann. Auf diese Weise kommen auch sie an Nährstoffe.

EINE GEFÄHRDETE PFLANZE

Venusfliegenfallen sind wohl die bekanntesten fleischfressenden Pflanzen, aber auch Sonnentaugewächse ernähren sich von kleinen Tieren. Sonnentau besitzt klebrige Tentakel. Insekten werden von ihnen angelockt und bleiben an ihnen kleben. Der Langblättrige Sonnentau wurde in Großbritannien immer seltener. Grund dafür war der Abbau von Sümpfen zur Torfgewinnung. Botaniker und Botanikerinnen (das sind die Menschen, die Pflanzen erforschen) beschlossen, ihn zu retten.

SAMEN AUSSÄEN

Botanikerinnen und Botaniker vermehrten Sonnentau aus abgeschnittenen Stücken von wild wachsenden Pflanzen. Die jungen Sonnentauexemplare wurden mit kleinen Insekten gefüttert. Weil in Großbritannien viele Moore wiederhergestellt werden, wollen die Forschenden die nachgezüchteten fleischfressenden Pflanzen dort später auswildern. Pflanzen vermehren sich schneller als die meisten Tiere, weil eine einzige Pflanze Tausende von Samen erzeugen kann. Jetzt freuen sich viele Menschen darauf, in Mooren wieder häufig Sonnentau anzutreffen. Die Insekten sind wohl weniger erfreut.

Sobald ein Insekt an dem klebrigen Schleim haftet, kann es sich nicht mehr befreien.

WAS IST TORF?

Torf ist eine besondere Art von Boden, den man gewöhnlich in Sümpfen und Mooren findet. Er besteht überwiegend aus noch nicht ganz zerfallenen Pflanzenteilen. Das größte Torfmoor liegt in Russland und ist größer als die meisten Länder Europas. Torf hat viele Verwendungsmöglichkeiten, darunter als Erde für Garten- und Topfpflanzen. Manchmal wird Torf in Mooren abgebaut, oder aber Teile von Mooren werden trockengelegt und in Felder umgewandelt. In beiden Fällen werden die Moore schwer geschädigt. Es dauert Tausende von Jahren, bis eine dicke Torfschicht entstanden ist. Abgebaut ist sie sehr schnell.

Damit ein Torfmoor entsteht, muss es sehr viel regnen.

Totes Pflanzenmaterial aus dem Wald bildet am Boden Schichten, so dass eine feuchte Torfkuppel entsteht.

Ebenso wie Pflanzen ist auch Torf ein Kohlendioxidspeicher. Je mehr Torfmoore es auf der Welt gibt, desto mehr Kohlendioxid wird im Boden gebunden. Wenn wir unseren Planeten vor dem Klimawandel schützen wollen, müssen wir Torfmoore schützen.

DER LUCHS-EFFEKT

Einst streifte der Pardelluchs, eine Unterart des Luchses, durch Grasland und Wälder Portugals und Spaniens. Heute zählt er zu den seltensten wilden Katzenarten der Welt. Sein Schicksal ist eng mit dem der Kaninchen verknüpft, da erwachsene Pardelluchse ziemlich genau ein Kaninchen pro Tag brauchen, um zu überleben. Das bedeutet: Wenn es den Kaninchen gut geht, geht es auch dem Pardelluchs gut, aber wenn es den Kaninchen schlecht geht …

Kaninchenbestände können sich sehr schnell und sehr stark verändern. Gibt es weniger Kaninchen, sinkt die Zahl der Luchse. Auch Verkehrsunfälle und Lebensraumverlust lassen Luchsbestände schrumpfen. So kam es, dass es Anfang der 2000er Jahre nur noch knapp 100 wild lebende Pardelluchse gab. Ein Zusammenschluss von Organisationen führte ein Zuchtprojekt durch. Die jungen Luchse wurden ausgewildert, und man schätzt, dass in Portugal und Spanien mittlerweile wieder fast 1000 Pardelluchse in freier Wildbahn leben.

ROSIGE AUSSICHTEN

Für den Pardelluchs sieht es derzeit sehr gut aus. Die wild lebenden Tiere vermehren sich und erweitern ihr Verbreitungsgebiet. Überraschenderweise fressen sie auch die Füchse, die in Schafsherden einfallen, so dass die Schafshalter zu neuen Freunden der Luchse wurden. Dennoch sind die Luchse weiterhin auf Unterstützung angewiesen. Kaninchenpopulationen müssen überwacht und gegen Krankheiten geschützt werden, denn je mehr Kaninchen es gibt, desto besser stehen die Chancen für die Luchse. Kraftfahrzeuge bleiben ein großes Problem, weil immer noch viele Luchse überfahren werden, wenn sie Straßen in ihrem Revier überqueren.

Viele ausgewilderte Luchse tragen Sender, damit Forschende ihre Streifzüge verfolgen können.

WILDPFERDE

Przewalski-Pferde, in der Mongolei *takhi* genannt, galoppierten einst in großen Herden über die Ebenen Europas und Asiens. Sie sind enge Verwandte des Hauspferds, aber kleiner. Vor allem aber sind sie wild lebende Tiere. Lange Zeit sah es für diese Wildpferde sehr schlecht aus. Sie kamen nicht gut mit den Veränderungen zurecht, die durch den Menschen verursacht wurden. Es war für die Wildpferde schon immer schwer genug, die kalten, nahrungsarmen Winter zu überleben. Nun machten ihnen auch noch zahme Pferde und Rinder die Nahrung streitig.

In mehreren Ländern der Welt lebten Przewalski-Pferdeherden in Gefangenschaft, doch weil die Herden klein waren, gab es viel Inzucht (das heißt, dass sich eng verwandte Tiere miteinander paarten). Nach dem Zweiten Weltkrieg gab es weltweit nur noch knapp ein Dutzend Exemplare, mit denen gezüchtet werden konnte. Der Prager Zoo nahm sich des Problems an, und bald stieg die Zahl der in Gefangenschaft lebenden Wildpferde. Gleichzeitig nahm die Zahl der wild lebenden ab, und Ende der 1960er oder Anfang der 1970er Jahre starben diese ganz aus.

HEY-HOO!

Aus dem knappen Dutzend Przewalski-Pferden in Zuchtprogrammen wurden Hunderte und damit genug, um sie in der Mongolei und China, und später auch in Russland und Kasachstan, auszuwildern. Es gab viele Rückschläge. Fressfeinde wie Wölfe stellen immer noch eine große Gefahr für die Bestände dar. Doch insgesamt vermehren sich die Wildpferde gut, und in mehreren Naturreservaten in Europa gibt es frei lebende Herden von ihnen.

Um die Bewegungen einiger in China ausgewilderter Przewalski-Pferde verfolgen zu können, statteten chinesische Forschende in Zusammenarbeit mit dem Washingtoner Zoo Smithsonian's einige Tiere mit Sendern aus. Doch vor allem den Hengsten passte das nicht, und sie zerstörten die Senderhalsbänder. Die Forschenden mussten sich etwas anderes überlegen – und erfanden solarbetriebene Sender, die sie den Wildpferden in die Schweife einflochten. Praktisch – und schick!

Den Wildpferden scheinen die Sender im Schweif lieber zu sein.

DIE VERSCHWUNDENEN KARIBUS

Rentiere, in Amerika Karibus genannt, waren früher im US-Bundesstaat Maine so stark verbreitet, dass sogar eine Stadt nach ihnen benannt ist. Heute aber gibt es in Maine gar keine Karibus mehr – und das, obwohl schon zwei Auswilderungsprojekte durchgeführt wurden. Im 19. Jahrhundert wurden diese Huftiere übermäßig stark gejagt und sogar in andere Bundesstaaten exportiert. Gleichzeitig wurden die Wälder abgeholzt, die den Lebensraum der Karibus darstellten und in denen sie ihre bevorzugte Nahrung fanden: die an Bäumen wachsenden Flechten. Schließlich verschwanden die Karibus, und die Menschen von Maine vermissten sie. 1963 wurden zwei Dutzend Karibus in Neufundland eingefangen und nach Maine gebracht. Doch in den folgenden Jahren wanderten sie von dort ab oder starben.

FREIFLUG

Über 20 Jahre später wollte man es noch einmal versuchen und transportierte Karibus über Land und Meer und sogar durch die Luft nach Maine, um mit einer in Gefangenschaft gehaltenen Herde zu züchten. 1989 wurden zwölf Nachkommen dieser Herde freigelassen, doch die meisten von ihnen starben innerhalb eines Jahres. Davor brachten sie noch vier Kälber zur Welt, doch die starben ebenfalls. Die Forschenden waren ratlos: Warum scheiterten die Auswilderungen immer wieder?

NATÜRLICHE FEINDE

Es stellte sich heraus, dass neben der Jagd auf Karibus und der Vernichtung großer Waldgebiete Raubtiere wie Schwarzbären, Rotluchse und Kojoten das Problem waren. Die Karibus wurden diesen Fleischfressern praktisch wie auf einem Silbertablett serviert. Dort, wo es viele Karibus gibt, wirken sich die Verluste durch Fressfeinde nicht so stark aus, doch wenn der Bestand ohnehin schon klein ist, kommt es auf jedes einzelne Karibu an. Für einen weiteren Auswilderungsversuch müsste eine neue Strategie erarbeitet werden.

DIE RETTUNG DES STÖRS

Wenn man an schicke Restaurants denkt, denkt man oft an Champagner und Kaviar – aber wo kommt der eigentlich her? Die Störe sind eine Familie von Fischen, die sich in den letzten Millionen Jahren kaum verändert haben. Manche Arten werden sehr groß, bis über fünf Meter lang, doch die meisten von ihnen sind kleiner. Störe leben überwiegend im Salzwasser, aber zur Eiablage suchen sie Flüsse auf.

Kaviar

GEFÄHRLICHE DELIKATESSE

Der berühmte Kaviar, der aus Störeiern besteht, gilt weltweit als Delikatesse. Um Kaviar zu gewinnen, werden zu viele Störe getötet, vor allem ältere Weibchen, die für den Fortbestand der Art eine Schlüsselrolle spielen. Neben der Überfischung trugen der Bau von Staudämmen und die Verschlechterung der Wasserqualität dazu bei, dass viele Störarten bedroht und einige bereits ausgestorben sind.

In mehreren europäischen Ländern, darunter Ungarn, Bulgarien, Rumänien, Österreich und Deutschland, versucht man nun, den Beluga-Stör wieder anzusiedeln. Die Jungstöre werden mehrere Monate lang in Becken mit künstlicher Strömung aufgezogen und dann in der Donau freigelassen, in der früher ganze sechs Störarten lebten. Illegaler Fischfang bedroht diese Auswilderungsprojekte. Doch es wird alles versucht, um ihn zu unterbinden und dafür zu sorgen, dass sich die Beluga-Störe wieder gut einleben und fleißig vermehren.

WAS BEDEUTET „ÜBERFISCHUNG"?

Der Fischfang in Meeren ist ein wichtiger Wirtschaftszweig. Fischerboote fangen Meeresbewohner und verkaufen sie an Land, riesige Fischtrawler verarbeiten ihren Fang bereits auf hoher See und beliefern Großmärkte und Supermarktketten. Leider sind die Fischbestände nicht unerschöpflich. Vor allem die großen Trawler, die eigentlich schwimmende Fischfabriken sind, überfischen bestimmte, von den Verbrauchern begehrte Fischarten, bis deren Populationen stark einbrechen.

INDUSTRIELLER FISCHFANG

Übermäßiger Fischfang kann Fischpopulationen schwer schädigen. Schützende Gesetze zu erlassen ist schwierig, weil die Meere so groß sind und viele verschiedene Länder betroffen sind. Aufgrund dieser Komplikationen ist es auch nicht leicht herauszufinden, wie viele Fische aus einer bestimmten Meeresregion entnommen wurden.

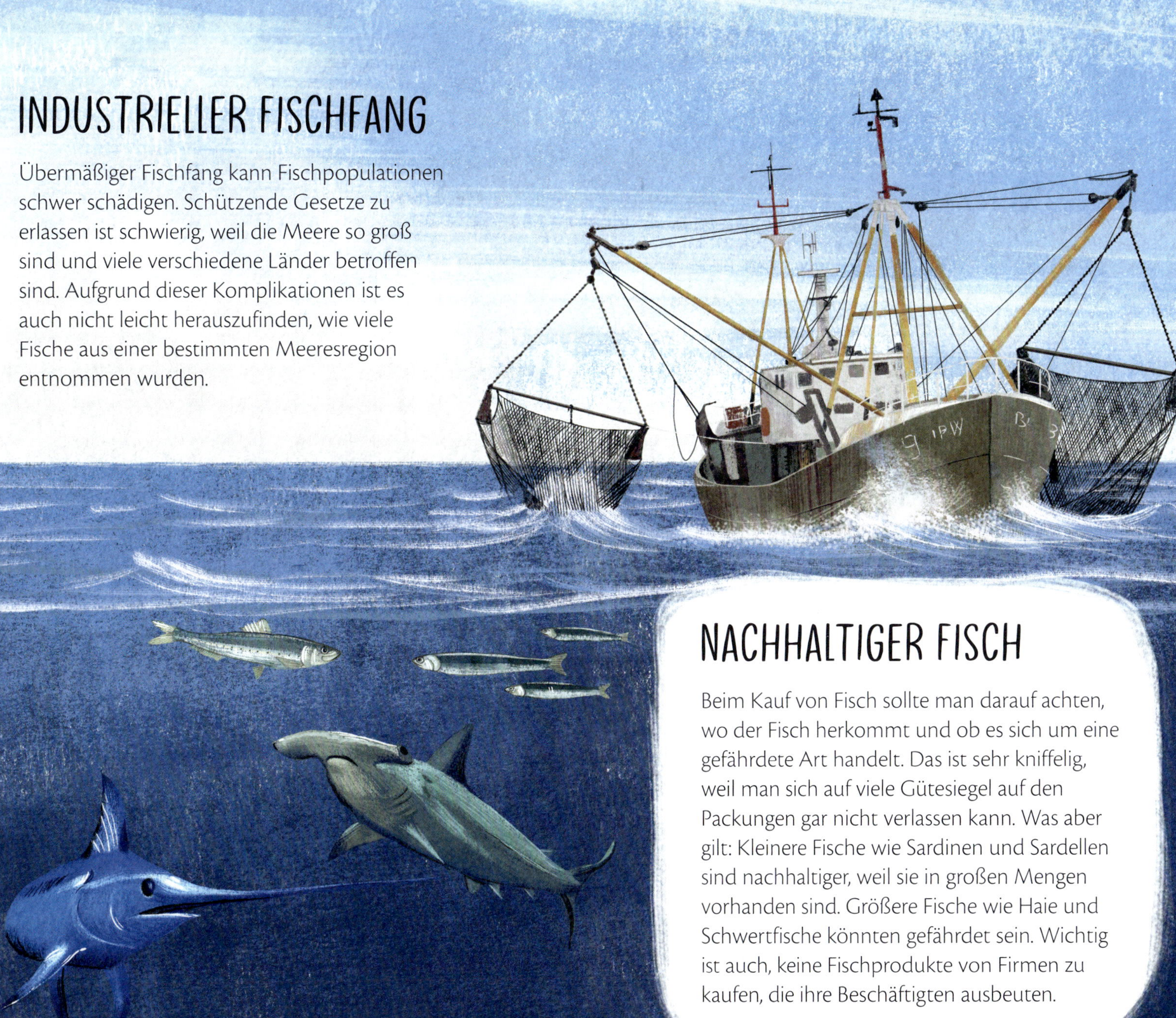

NACHHALTIGER FISCH

Beim Kauf von Fisch sollte man darauf achten, wo der Fisch herkommt und ob es sich um eine gefährdete Art handelt. Das ist sehr kniffelig, weil man sich auf viele Gütesiegel auf den Packungen gar nicht verlassen kann. Was aber gilt: Kleinere Fische wie Sardinen und Sardellen sind nachhaltiger, weil sie in großen Mengen vorhanden sind. Größere Fische wie Haie und Schwertfische könnten gefährdet sein. Wichtig ist auch, keine Fischprodukte von Firmen zu kaufen, die ihre Beschäftigten ausbeuten.

DIE JAGUARE DER SÜMPFE

Wenn du an Jaguare denkst, stellst du dir vielleicht Großkatzen vor, die lautlos durch den Amazonas-Regenwald schleichen. Doch ist das Amazonasbecken nicht die einzige Heimat dieser majestätischen Raubtiere. Früher lebten sie in ganz Süd- und Mittelamerika und sogar im Südwesten der USA.

Große Raubtiere brauchen große Jagdreviere, und die sind heute nur noch schwer zu finden. Außerdem werden Jaguare oft von Viehzüchtern erlegt, die Angst um ihre Herden haben. Und von Wilderern, die ihre Felle verkaufen wollen. Deshalb wundert es nicht, dass Jaguare in vielen ihrer ursprünglichen Lebensräume ausgerottet wurden. Zum Glück haben sie in Argentinien Freunde, die versuchen, sie wieder im Iberá-Nationalpark anzusiedeln, in dem es früher viele Jaguare gab.

Jaguare sind die größten amerikanischen Katzen und bei Viehzüchtern nicht sehr beliebt.

GESPRÄCHE MIT EINHEIMISCHEN

Doug Tompkins war ein engagierter Naturschützer. In Zusammenarbeit mit Organisationen und Behörden plante er eine Auswilderung von Jaguaren in argentinischen Feuchtgebieten und Savannen. Doch weil Überjagung der Hauptgrund für das Verschwinden des Jaguars war, sollte sichergestellt werden, dass die ausgewilderten Tiere nicht gejagt werden. Tompkins erkannte, wie wichtig es war, mit den Einheimischen zu reden und sie in die Projektplanung mit einzubeziehen. Die Jaguare sollten zuerst in großen Käfigen wohnen, damit sie sich an die neue Umgebung gewöhnten. Nach mehreren Treffen erklärten sich auch die Viehzüchter einverstanden. Die Einheimischen hofften, dass mit den Jaguaren auch mehr Touristen kommen und in der Region Geld ausgeben würden.

DIE ERSTEN JUNGEN JAGUARE

Weil gesunde wild lebende Jaguare schwer zu bekommen sind, beschloss man, in Gefangenschaft geborene Jaguarbabys auf ein Leben in Freiheit vorzubereiten. Außerdem wurden für das Projekt wild aufgewachsene Jaguare ausgewählt, die aufgrund einer Verletzung in menschliche Obhut gekommen waren.

2018 kamen die beiden ersten für das Projekt vorgemerkten Jaguarbabys zur Welt. Und 2021, 70 Jahre nach dem endgültigen Verschwinden der Jaguare aus dem Feuchtgebiet, wurden dort drei Jaguare ausgewildert. Im Laufe der Zeit wird sich zeigen, ob die Aktion erfolgreich ist. Die Projektplaner einigten sich darauf, zuerst nur Weibchen auszuwildern, da Männchen auf Partnersuche die Region rasch verlassen könnten. Forschende hoffen, dass im Iberá-Nationalpark bis zu 100 Jaguare leben könnten. Außer den Großkatzen werden in Iberá auch andere Arten ausgewildert, darunter Ameisenbären, Pampashirsche, Tapire, Pekaris (Nabelschweine) und Aras.

DIE INSEL-FÜCHSE

Vor der Küste Kaliforniens liegt die Inselgruppe der Kanalinseln, und auf einigen dieser Inseln ist eine bestimmte Fuchsart heimisch: der Insel-Graufuchs. Obwohl diese Füchse eng mit dem auf dem Festland lebenden Graufuchs verwandt sind, waren sie auf den Inseln so lange isoliert, dass sie sich zu einer eigenen Art entwickelt haben.

In den späten 1990er Jahren aber begannen die Insel-Graufüchse von einigen Inseln zu verschwinden, und zwar sehr schnell. Ein Grund dafür war die Ansteckung mit Staupe, einer Krankheit, die möglicherweise von Waschbären eingeschleppt wurde. Aber es gab auch noch einen weiteren, komplizierteren Grund …

Weißkopfseeadler sind groß und wissen ihre Reviere zu verteidigen. Steinadler mögen sie nicht.

ADLERKÄMPFE

Ein Grund, der mit Adlern zu tun hat. Im 20. Jahrhundert brachen die Bestände der Weißkopfseeadler infolge des Einsatzes von DDT ähnlich wie die der Wanderfalken stark ein (siehe S. 40–41). Als auf den Kanalinseln keine Weißkopfseeadler mehr lebten, eroberten Steinadler diesen Lebensraum. Zudem waren viele Jahre zuvor Hausschweine auf die Inseln gebracht worden, die den Steinadlern nun als Ernährungsgrundlage dienten. Doch die Adler begnügten sich nicht mit den Schweinen. Während die Weißkopfseeadler die Insel-Graufüchse in Ruhe gelassen hatten, fraßen die Steinadler zu viele Füchse.

Um den Füchsen zu helfen, mussten Biologinnen und Biologen sich zuerst um das Ökosystem kümmern. Sie verbannten die Schweine von den Inseln, siedelten die Steinadler um und holten die Weißkopfseeadler auf die Kanalinseln zurück, die wiederum selbst dafür sorgten, dass die Steinadler den Inseln fernblieben.

Die Inseln wurden wieder zu einem sicheren Lebensraum für die Insel-Graufüchse, und Tiere aus einem Zuchtprogramm wurden ausgewildert. Insgesamt verlief das Projekt sehr erfolgreich: Heute sind die Inseln wieder von Tausenden von Insel-Graufüchsen bevölkert.

Mitte des 19. Jahrhunderts wurden Hausschweine auf die Inseln gebracht. Einige rissen aus und lockten Steinadler an.

PLEISTOZÄN-ARTEN

Inzwischen weißt du, dass es bei Auswilderungen nicht nur darum geht, einer bestimmten Art zu helfen, sondern auch darum, das Gleichgewicht eines Ökosystems wiederherzustellen. Aber was kann man tun, wenn eine Art ausgestorben ist, auch in Gefangenschaft keine Exemplare mehr leben und somit auch keine Tiere ausgewildert werden können? Einige Forschende schlugen vor, ein Tier auszuwildern, das dem ausgestorbenen Tier ähnlich ist und seine Rolle im Ökosystem übernehmen kann. Dieser Vorschlag wird heftig diskutiert, vor allem dann, wenn von Pleistozän-Auswilderungen die Rede ist. Die meisten Auswilderungsprojekte betreffen Arten, die in jüngerer Zeit ausstarben. Unterstützer der Pleistozän-Auswilderung aber wollen Arten zurückholen, die schon vor Tausenden von Jahren durch Menschen ausgerottet wurden, in einem Zeitabschnitt, den wir Pleistozän nennen.

DER LETZTE HÖHLENLÖWE STARB VERMUTLICH VOR UNGEFÄHR 11 000 JAHREN.

PLEISTOZÄN-PARK

In Russland wird derzeit versucht, die urzeitlichen Graslandebenen im Hohen Norden wiederherzustellen. Das Projekt heißt Pleistozän-Park. Damit die Flächen baumfrei bleiben, wurden dort große Pflanzenfresser eingesetzt, darunter Wisente, Rentiere, Wildpferde und Moschusochsen. Ein Bewohner dieser kalten, unwirtlichen Landschaft aber fehlt: das Mammut. Natürlich sind Mammuts schon sehr lange ausgestorben, doch die Betreiber des Pleistozän-Parks hoffen, die Mammuts bald durch neue Gentechnologien wie zum Beispiel Klonen wiederauferstehen zu lassen.

Warum zählen amerikanische Gabelböcke zu den schnellsten Landtieren der Welt? Vielleicht, weil sie ursprünglich Geparden davonlaufen mussten, die früher in Nordamerika lebten?

UNGEWÖHNLICHE ANBLICKE

Einige Forschende schlugen vor, in Nordamerika Arten wie Kamele, Geparden, Löwen und sogar Elefanten einzuführen. Weil es ziemlich furchterregend wäre, irgendwo mitten in Kansas einem Geparden zu begegnen, hat diese Idee noch nicht viele Unterstützer. Aber alle neuartigen Ideen erschüttern zunächst, wenn sie das erste Mal vorgestellt werden.

DER HERR DES WALDES

Die Östliche Indigonatter zählt zu den beeindruckendsten Schlangen Nordamerikas. Ihr wissenschaftlicher Name bedeutet „Herr des Waldes". Ihre glatten schwarzblauen Schuppen glänzen in der Sonne, wenn sie durch die heimischen Sumpfkiefernwälder Alabamas kriecht. Leider müssen diese Wälder in immer stärkerem Maße Städten, Straßen und Feldern weichen. Noch ein weiteres Problem kommt hinzu. Früher brannte es in diesen Wäldern gelegentlich nach Blitzeinschlägen. Und das war gut, denn dabei verbrannten die jungen Laubbäume, die sich in den Sumpfkiefernwald eingeschlichen hatten. Jetzt, wo die Menschen über die Wälder herrschen, brennt es seltener, und dafür gedeihen mehr Laubbäume. Der Lebensraum der Östlichen Indigonatter verändert sich, und das ist für sie nicht gut.

Endlich kam Interesse dafür auf, die Sumpfkiefernwälder wiederherzustellen und die Schlangen zurückzuholen. Der erste Schritt bestand darin, Schlangenweibchen in Georgia einzufangen, die kurz vor der Eiablage standen. Sie legten ihre Eier in Gehegen und wurden danach nach Georgia zurückgebracht. Ihre geschlüpften Babys ließ man in Alabama frei oder hielt sie in einem Zuchtzentrum.

Die Östliche Indigonatter wird sehr geschätzt, weil sie Giftschlangen wie etwa den Nordamerikanischen Kupferkopf frisst.

Indigonattern, aber auch viele andere Tiere, leben oft in den Bauen von Gopherschildkröten, einer ebenfalls gefährdeten Art.

Die ausgewilderten Weibchen legten später selbst Eier, und ihre Jungen wurden nicht nur in Alabama, sondern auch in Nordflorida ausgewildert. (Das Bild rechts zeigt mich, den Autor dieses Buchs, beim Auswildern einer Schlange.)

DIE RÜCKKEHR DER HERRSCHERIN?

Wenigstens einige der ausgewilderten Schlangen blieben in der Region, fanden einen Partner und paarten sich. Erfolgreich ist eine Auswilderung aber erst dann, wenn die Tiere keine Unterstützung durch Menschen mehr brauchen und so viel Nachwuchs hervorbringen, dass der Bestand gleichmäßig wächst. Bisher war das leider noch nicht der Fall. Einige Indigoschlangen fielen anderen Tieren zum Opfer (eine wurde von einem Alligator gefressen), andere wurden von Autos überfahren. Und immer noch gibt es keine Belege dafür, dass ihre Nachkommen das Erwachsenenalter erreichen. In beiden Gebieten werden noch viele weitere Schlangen ausgewildert werden, und hoffentlich schaffen es immer mehr von ihnen, selbständig zu überleben.

Ausgewilderte Indigoschlangen wurden dabei beobachtet, wie sie Klapperschlangen, Rattenschlangen und Kupferköpfe, aber auch Frösche und Kröten fraßen.

DIE VÖGEL VON GUAM

Guam ist eine kleine, nördlich von Australien im Pazifischen Ozean gelegene Insel. Früher lebte in ihren Wäldern ein Dutzend faszinierender Vogelarten, die es nirgendwo sonst auf der Welt gab. Doch dann geschah etwas Furchtbares. Der Guam-Eisvogel und die Guamralle starben vor knapp 30 Jahren in der freien Natur aus. Zum Glück gelang es Forschenden, einige Vögel dieser Art in Gefangenschaft überleben zu lassen. Alle anderen nur auf Guam heimischen Vogelarten gelten heute als ausgestorben.

Aber was war geschehen? Es gibt Inseln, auf denen kaum oder keine Beutegreifer vorkommen, so dass die dort heimischen Arten keine Strategien gegen Fressfeinde entwickelten. Das wird zum Problem, sobald Menschen auf solchen Inseln gedankenlos andere Tiere einführen und sich diese im neuen Lebensraum gut einleben. Zu den invasiven Arten, die für die lokale Tierwelt zum Problem werden, zählen Ratten, Ziegen und Kaninchen. Auf Guam aber waren die neuen „Problemtiere" Schlangen.

Weil Guamrallen nicht fliegen können, nisten sie am Boden. Daher kommen Fressfeinde leicht an ihre Eier und Küken.

EIN SCHLANGENPARADIES

Die Braune Nachtbaumnatter lebte ursprünglich in Australien, in Indonesien und auf einigen benachbarten Inseln. Während des Zweiten Weltkriegs waren in diesem Teil des Pazifischen Ozeans viele Schiffe und Flugzeuge unterwegs, und man nimmt an, dass einige Braune Nachtbaumnattern in deren Frachträume krochen und auf diese Weise auf Guam eingeschleppt wurden.

Die Vögel von Guam hatten noch nie einen derartigen Fressfeind gehabt. Die Schlangen stürzten sich auf die Nester und fraßen Eier und Küken. Zehn von Guams Vogelarten wurden auf diese Weise vollständig von den Schlangen ausgerottet, die außerdem auch noch die Bestände von kleinen Echsenarten und Fledermäusen gefährden. Forschenden gelang es, 21 Rallen und 29 Eisvögel einzufangen. Die Guamrallen vermehrten sich in Gefangenschaft sehr gut, und ihre Nachkommen wurden auf mehreren Nachbarinseln von Guam ausgewildert, auf denen es noch keine Braunen Nachtbaumnattern gibt. Den Rallen gefiel es in ihrem neuen Zuhause. Man hofft, bald auch Guam-Eisvögel auf diesen Inseln freilassen zu können.

An Flussufern wird Sand für die industrielle Nutzung abgebaut. Dadurch werden die Nistreviere der Gaviale zerstört.

EIN UFER VERSCHWINDET

Alle wissen, wie Alligatoren und Krokodile aussehen, aber nur wenige kennen Gaviale. Die Mitglieder dieser Familie aus der Ordnung der Krokodile sind leicht an ihren extrem langen und schmalen Schnauzen zu erkennen. Die schmalen Kiefer eignen sich hervorragend, um im Wasser Fische zu schnappen!

Gaviale waren in Indien und einigen Nachbarländern sehr verbreitet, doch mittlerweile ist diese Art stark gefährdet. Anfangs gingen die Bestände zurück, weil sie nicht nur übermäßig bejagt wurden, sondern sich sehr häufig in Netzen für Fische und Schildkröten verfingen.

Mittlerweile besteht die größte Gefahr für Gaviale darin, dass ihre Lebensräume verschwinden. Das Wasser von Flüssen wird umgeleitet, um Felder zu bewässern, oder durch Dämme aufgestaut, und die sandigen Ufer, an denen sich Gaviale sonnen und ihre Eier ablegen, werden zur Sandgewinnung abgebaut.

Ab den 1970er Jahren wurden in Indien und Nepal Zuchtzentren für Gaviale gegründet, und bald konnten Tausende junger Gaviale in den ursprünglichen Lebensräumen freigelassen werden. Mit die ersten Auswilderungen erfolgten am Fluss Chambal. Nachdem es hier lange keine Gaviale mehr gegeben hatte, leben heute in und an ihm über 1000 dieser Reptilien.

Ein weiteres Auswilderungsprojekt findet derzeit am Fluss Gandak statt. Einige der freigelassenen Gaviale tragen Sender, damit Forschende ihr Verhalten studieren können. Freiwillige schützen Nester vor Raubtieren und Menschen, die es auf Gavialeier abgesehen haben. Es gibt noch viel zu tun, doch inzwischen wissen wir, dass geeignete Maßnahmen und Engagement bewirken können, dass die Gaviale in ihre Flüsse zurückkehren.

Fischer und andere Menschen, die auf gesunde Flüsse angewiesen sind, helfen den Forschenden, die wachsenden Gavialbestände zu beobachten.

EINE KÄFER-LIEBESGESCHICHTE

Die Käfer der Art *Nicrophorus americanus*, auch Amerikanischer Totengräber genannt, gehören der Familie der Aaskäfer an. „Aas" bedeutet „totes Tier", und tatsächlich ernähren sich diese Käfer vom Fleisch kleiner toter Tiere. Sobald ein Männchen den Geruch von faulendem Fleisch wahrnimmt, krabbelt es zu dem toten Tier, zum Beispiel einer Maus, und frisst sich satt. Anschließend scheidet es Pheromone genannte Duftstoffe aus, die Weibchen anlocken. Kommen mehrere Männchen gleichzeitig zu dem Aas, wird um den Fund gekämpft!

Sobald ein Männchen und ein Weibchen zusammengefunden haben, graben sie das tote Tier ein und das Weibchen legt in der Nähe Eier ab. Gleich nach dem Schlüpfen ernähren sich die Larven von dessen Fleisch. Anfangs helfen ihnen die Eltern dabei.

Obwohl diese Art in vielen östlichen und mittleren US-Bundesstaaten verbreitet war, nahm ihr Bestand plötzlich aus unbekannten Gründen ab. Möglicherweise waren Schädlingsbekämpfungsmittel schuld. Oder aber die Tatsache, dass Totengräber vor allem von Wandertauben lebten, die mittlerweile ausgestorben sind.

Wenn ein Männchen eine kleine Tierleiche gefunden hat, wartet es, bis ein Weibchen kommt.

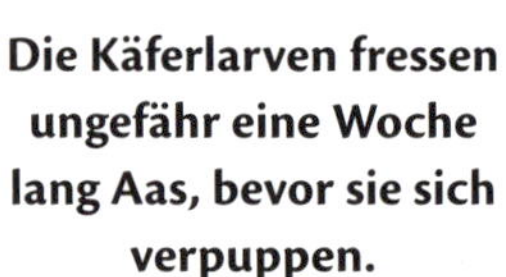

Die Käferlarven fressen ungefähr eine Woche lang Aas, bevor sie sich verpuppen.

WANDERTAUBEN WAREN MÖGLICHERWEISE EINE WICHTIGE NAHRUNGSQUELLE DER KÄFER.

DIE MACHT DER LIEBE

Forschende wollten diese Käferart retten … und zwar mit Hilfe der Macht der Liebe. Sie gründeten eine Brutkolonie. Ausgesuchte Männchen und Weibchen durften sich auf einem Blumentopf kennenlernen. Jedes Paar erhielt sodann ein totes Wachtelküken, das sie gemeinsam vergraben konnten. Die Käferlarven wurden für ein Auswilderungsprojekt eingesammelt.

ES BLEIBT NOCH VIEL ZU TUN

In vielen US-Bundesstaaten wird nun an der Erhaltung dieser Totengräberart gearbeitet. In Freiheit lebende Bestände werden geschützt, dort, wo sie verschwunden waren, werden sie wieder eingeführt. In Massachusetts scheiterte ein Auswilderungsprojekt, während ein anderes erfolgreich verlief. Auf der Insel Nantucket wurden in Gefangenschaft aufgezogene Käfer freigelassen und im Gegenzug wild lebende Käfer eingefangen und paarweise zu kleinen toten Tieren gebracht. Insgesamt nimmt man an, dass diese Käferart weiterhin Unterstützung durch den Menschen braucht.

Zwar leben in der freien Natur inzwischen schon wieder mehr Amerikanische Totengräber, doch scheinen ihnen viele bisher nicht erkannte Gefahren zu drohen. So stellte sich heraus, dass es mittlerweile mehr Waschbären, Stinktiere und Opossums gibt, die tote Tiere fressen, bevor die Totengräber sie finden. Bis man sich um diese bemerkenswerte Insektenart keine Sorgen mehr zu machen braucht, bleibt noch viel zu tun.

WAS KANNST DU TUN?

Nachdem du dieses Buch gelesen hast, fragst du dich vielleicht, wie du selbst Pflanzen und Tieren helfen kannst. Auf diesen beiden Seiten findest du einige Anregungen. Man darf nicht vergessen, dass Auswilderungen von Wildtieren der letzte Versuch sind, einen Verlust wieder wettzumachen. Wesentlich besser ist es, Verluste von vornherein zu vermeiden. Wir könnten einiges dafür tun, wilden Tieren das Leben zu erleichtern, indem wir zum Beispiel weniger kaufen, damit wir später weniger wegwerfen. Wir sollten auch darüber nachdenken, was wichtiger ist: immer mehr Geld zu verdienen, um immer mehr Dinge zu besitzen, oder der Schutz der Natur. Vielleicht können wir auch mit anderen darüber sprechen und darauf hinwirken, dass Gesetze zugunsten der Natur geändert werden.

ERKUNDE DEINE UMGEBUNG

Lerne die Parks, Wälder und Wiesen in deiner Umgebung besser kennen. Notiere dir die Tiere und Pflanzen, die du dort antriffst. Störe die Tiere aber nicht, und beschädige auch nichts. Achte darauf, ob du Monat für Monat dieselben Arten siehst. Sammle mit Einweghandschuhen herumliegenden Müll auf, aber bitte einen Erwachsenen, dich bei diesen Müllsammelaktionen zu begleiten, und achte darauf, dich nicht zu verletzen.

TEILE DEINE BEGEISTERUNG MIT ANDEREN

Du kannst Tieren und Pflanzen auch helfen, indem du anderen erzählst, was diese Arten so interessant macht. Vielleicht bringst du andere Menschen dazu, sich ebenfalls für die Natur zu begeistern. Male Plakate, um Leute über Themen zu informieren, die dir wichtig sind. Du könntest sogar eine Kampagne starten, um eine bestimmte Art zu erhalten.

REDE MIT!

Weißt du, welche Politiker dich vertreten? Kennst du ihre Einstellung zum Naturschutz? Kennen sie deine?

Mitunter fühlt es sich an, als lebten Politiker in einer anderen Welt, doch man kann sie auf die eigenen Anliegen aufmerksam machen. Lass deine lokalen Abgeordneten wissen, dass dir wild lebende Arten und ihre Lebensräume wichtig sind. Vielleicht trägst du auf diese Weise zur Entstehung von Gesetzen bei, die unseren Planeten schützen.

EINE KLEINE WILDNIS

Richte in deinem Garten ein Eckchen für wilde Tiere und Pflanzen ein. Versuche, im Garten vor allem heimische Arten aus deiner Region zu ziehen. Diese Pflanzen werden keine besondere Pflege benötigen und außerdem Insekten und anderen kleinen Tieren Schutz und Nahrung bieten. Vielleicht kannst du sogar ein kleines Feuchtbiotop anlegen, in dem sich Tiere ansiedeln oder aber Wasser zum Trinken finden. Und schütze deine wilden Gartengäste vor Hunden und Katzen.